Tanja Breukelchen

Glücksorte in Südschweden

Fahr hin & werd glücklich

Dieses

Glücksbuch

ist für

Liebe Glücksuchende,

als ich 2018 zum ersten Mal über die Öresundbrücke fuhr, war das der Beginn einer großen Liebe: zu einem Land, das so riesig und gewaltig ist, ohne dabei zu protzen, und zu Menschen, die so nahbar und herzlich sind, ohne dabei die Distanz zu verlieren. Es ist sicherlich nicht alles perfekt in Schweden, doch vieles ist inspirierend und sollte viel öfter über die Grenze zu uns hinüber schwappen. Das gilt vor allem für die Rolle der Frau und den Stellenwert von Familie, für Nachhaltigkeit und die Freude am Leben in der Natur.
Das vorliegende Buch ist das Ergebnis mehrerer Reisen, von denen die letzten beiden Zelturlaube mit meiner Tochter Rieke waren.
Wir sind einfach losgefahren und haben unser Zelt immer da aufgeschlagen, wo es uns besonders gefiel. Oder wir haben in kleinen Hütten oder außergewöhnlichen Hotels übernachtet. Die Geschichten zu diesem Buch haben wir gemeinsam entdeckt, die Fotos gemeinsam gemacht.
Viel Spaß bei der Entdeckungsreise beim Lesen des Buches – und dann: Zelt einpacken und ab über den Öresund!

Ihre Tanja Breukelchen

GLÜCK

Deine Glücksorte ...

... noch mehr Glück für dich

Geheimtipp auf Orust

1 Klockeberget im Schärenstädtchen Mollösund

So romantisch wie Fjällbacka, so spannend schroff wie Skärhamn auf Tjörn – und doch irgendwie unscheinbarer, unentdeckter. So ungefähr muss man sich Mollösund vorstellen. Das alte Fischerdorf liegt an der äußersten Südwestspitze der Insel Orust an der Westküste. Im Hafen reihen sich kleine Häuschen, es gibt frischen Fisch zu kaufen und gleich mehrere exzellente Restaurants mit eben diesem: Fisch. Kleine Boote kommen durchs Schärenmeer gesegelt. Und am Abend kann es auch schon mal voller werden im Hafen, mit Musik und fröhlich feiernden Menschen.

Dennoch ist Mollösund noch ein Geheimtipp in den schroffen Schären und erinnert an die alte Zeit, als die harte Arbeit der Fischer meist die einzige Möglichkeit für die Familien war, ihren Lebensunterhalt zu verdienen. Nicht jedes Boot kam wieder zurück in den Hafen. Daran erinnert auch der kleine Friedhof, der auf dem Weg hinunter zum Hafen rechterhand gleich auf Höhe der kleinen Kirche des Ortes liegt. Eben dort geht ein schmaler Pfad den Berg hinauf. Eine kurze Kraxelstrecke, dann steht man neben einer hölzernen, einfach gekleideten Frau, die ihre Hand so hält wie jemand, der weit zum Meer hinausschaut. Der Hügel heißt Klockeberget. Und die Skulptur heißt „Fisherman's Wife" und ist ein Denkmal für die vielen Frauen und Kinder, die einmal dort standen und genauso wie sie voller Sorge und Sehnsucht in die Weite schauten, ob auch wirklich alle Boote, alle Fischer wieder zurückkommen. Viele von ihnen warteten vergeblich. Daran erinnert auf dem Friedhof auch ein Schild mit den Namen all derer, die im Meer statt in der geweihten Erde begraben wurden. Heute ist es einfach die Aussicht, die man hoch oben auf dem Klockeberget genießen kann: weit über das Meer mit all seinen kleinen schroffen Schäreninseln.

TIPP

In der hübschen Pension Prästgårdens übernachten (www.prastgardens.se).

● Klockeberget, über Kyrkvägen, 474 70 Mollösund

Nachts im Knast

2 Gefängniszellen in der Festung Varberg

Ein bisschen unheimlich ist es schon, wenn sich die schwere Zellentür hinter einem schließt und man dann plötzlich ganz allein ist – nur mit sich selbst in dieser winzigen Gefängniszelle und mit nichts darin als einem schmalen Bett, einem schlichten Stuhl und einem Mülleimer, der auf den ersten Blick schnell mal mit einer Latrine verwechselt werden kann. Ganz oben an der Wand, da gibt es auch noch ein schmales Fenster mit Gittern davor. „Hinter schwedischen Gardinen", könnte man da sagen. Trotz des lustigen Wortspiels war es für die echten Insassen von einst vermutlich nicht so lustig. Doch als Gast des „Fästningens – rum vid havet (Zimmer am Meer)" kann man neben hübschen und geräumigen Zimmern im historischen Festungsgemäuer eben auch diese winzigen original Gefängniszellen mieten und einfach mal eine oder mehrere Nächte lang austesten, wie es sich einst anfühlte, darin zu übernachten. Morgens früh tritt man dann hinaus ins Sonnenlicht, blickt auf die Küste des Kattegats und läuft den schmalen Pfad zur Rezeption entlang, neben der es ein ausgiebiges Frühstück gibt.

TIPP
Unbedingt im Restaurant Fästningsterrassen essen gehen (www.fastningsterrassen.se).

Bezahlbar und unschlagbar zentral liegt die Festungsherberge inmitten des Festungsgeländes – zwischen einem Museum, einem Restaurant und einem Café sowie fußläufig zum Hafen mit schönen Restaurants und dem berühmten Kaltbadehaus, gleich mehreren Stränden, einem Park und der Fußgängerzone. Die Zellen reihen sich auf zwei Ebenen um den nach oben offenen Innenraum mit seinem langen Holztisch und haben geräumige und saubere Gemeinschaftsduschen sowie WCs und in der oberen Etage sogar eine Gemeinschaftsküche. Die Festung Varberg in der gleichnamigen Stadt in der Provinz Hallands län wurde um 1300 herum erbaut, später immer weiter ausgebaut und diente von 1830 bis 1931 als Staatsgefängnis.

● Fästningens – rum vid havet, Varbergs Fästning, 432 44 Varberg
www.fastningens.se

Wild und wunderbar

3 Die Astrid-Lindgren-Welt in Vimmerby

Sie mögen keine touristischen Freizeitparks mit Lärm, Kitsch, Nepp und wilden Fahrgeschäften? Wunderbar! Denn genau das ist die rund 120.000 Quadratmeter große Astrid Lindgrens Värld in Astrid Lindgrens (1907–2002) Geburtsstadt Vimmerby in Småland nicht. Es fühlt sich eher wie eine Mischung aus nostalgischem Freilichtmuseum und kunterbuntem Freilichttheater an, wenn man sich durch die Schauplätze und Geschichten der Kinderbücher treiben lässt. Da gibt es die Krachmacherstraße mit den Häusern von Lotta und ihrer Familie und dem von Tante Berg, durch deren Räume man stöbern und in deren Gärten man neben Stelzen und Fahrrad auch das Loch im Zaun ausprobieren kann. Da gibt es die geschnitzten Männchen aus Michels Tischlerschuppen, dessen Geschichten genau wie die von Karlsson vom Dach, Madita, Pippi Langstrumpf, Ronja Räubertochter oder Die Brüder Löwenherz als zauberhafte Theaterstücke auf die Freilichtbühnen gebracht werden.

TIPP
Direkt am Park kann man in kleinen Hütten und Häuschen übernachten.

Vor und nach den Geschichten darf man all den Romanfiguren „in echt" begegnen und natürlich selbst die Gebäude durchstöbern: von Pippis witziger Villa Kunterbunt über Ronjas trutzige Mattisburg im geheimnisvollen Mattiswald bis hin zu den kleinen Hütten und großen Gemäuern im Kirschtal und im Heckenrosental. Außerdem gibt es natürlich noch ein Kino, in dem Ausschnitte der alten Astrid-Lindgren-Filme in Endlosschleife laufen, ein Restaurant, in dem es Pfannkuchen *all you can eat* gibt, eine witzige Polizeistation, die riesigen Möbel aus der Perspektive von Nils Karlsson Däumling, mehrere Süßigkeitenläden, einen „Nicht-den-Boden-berühren"-Pfad, eine Mühle, Grillplätze, lustige Boote – und: überall strahlende Kinder und wieder zu Kindern gewordene Erwachsene. Die Astrid-Lindgren-Welt nennt sich selbst einen Theaterpark und wurde bereits 1981 gegründet. Der Park ist von Mai bis August geöffnet, außerdem im September an den Wochenenden, und hat jährlich rund 490.000 Besucher.

● Astrid Lindgrens Värld, 598 85 Vimmerby
www.astridlindgrensvarld.se

Der See zum Träumen

4 Am Gyllebosjön in Gärsnäs

Er ist einer von 96.000 Seen, die es in ganz Schweden gibt. Und er ist darunter einer der kleineren Seen. Aber irgendwie hat der Gyllebosjön in Schonen, nicht weit von Sankt Olof im Inland und dem verträumten Küstenstädtchen Vik in der Gemeinde Simrishamn entfernt, etwas Magisches. Vielleicht weil er immer ein wenig anders aussieht, je nachdem, wie die Sonne auf seiner Wasseroberfläche glitzert oder der den See umgebende dichte Wald seine Schatten auf ihn wirft. Dann ist da dieses kleine Schloss, das an manchen Stellen durch die Bäume zu sehen ist. Und natürlich der lange hölzerne Badesteg, der weit in den See hinausgeht und auch nicht ganz so versierten Schwimmern eine gewisse Sicherheit gibt.

Wer einfach mal sein Zelt am Ufer aufstellt oder das Wohnmobil auf dem benachbarten Parkplatz abstellt, findet am Gyllebosjön die perfekte Mischung aus minimalem Komfort und Einsamkeit. Ganz früh morgens sind da erst einmal diese unglaubliche Ruhe und der Fischreiher, der majestätisch über die Wasseroberfläche gleitet. Dann kommen die ersten Frühschwimmer und ziehen meditativ ihre Bahnen. Erst am Nachmittag trudeln die Menschen aus den umliegenden Dörfern ein und nutzen den kleinen Strand, zu dem auch Umkleidekabinen, eine öffentliche Toilette, ein Kiosk und mehrere kleine Grillplätze mit Bänken gehören. All das kann mitgenutzt werden – und am Abend kommt es schnell zu netten Gesprächen und Bekanntschaften mit der Gruppe am Grillplatz nebenan. Wer mag, kann einen Spaziergang durchs Gyllebo-Naturreservat machen, zu dem der See gehört und in dem man neben schönen Wanderwegen viele weitere Orte zum Zelten direkt am Wasser findet. Irgendwann geht dann sanft die Sonne über dem See unter, die letzten Gäste packen ihre Sachen, man schaut noch etwas in die Glut der Grillplätze und kriecht dann wieder ins gemütliche Zelt zurück. Ein Ort, an den man immer wieder zurückkehren möchte.

TIPP

Wenige Meter vom Badestrand entfernt ist ein stilles Ufer für Angel-Fans.

● Gyllobosjön, Sjövägen, 272 97 Gärsnäs

Im Fahrradhotel

5 Das Ohboy in Malmö

Malmö gilt als die fahrradfreundlichste Stadt Schwedens und eine der fahrradfreundlichsten Städte in Europa. Rund 30 Prozent aller Fahrten werden in der gleich hinter der Öresundbrücke liegenden, drittgrößten Stadt des Landes auf dem Fahrrad zurückgelegt. An vielen Kreuzungen haben Fahrräder Vorfahrt, es gibt Shops, in denen sich Touristen Fahrräder leihen können, es gibt ein ausgedehntes Radwegenetz von insgesamt 515 Kilometern Länge, außerdem die Citybikes von „Malmö by Bike" mit ihren rund hundert Stationen im gesamten Stadtgebiet und einer gleichnamigen App, zahlreiche Stadtführungen und Stadttouren werden gleich auf dem Fahrrad angeboten – und: In Malmö gibt es sogar ein eigenes Fahrradhotel.

Das Ohboy liegt im Erdgeschoss eines extra für die Bedürfnisse von Fahrradfahrern zugeschnittenen Wohnhauses im Stadtteil Västra Hamnen, nahe dem schon von Weitem sichtbaren Wolkenkratzer Turning Torso und damit nur 5 Minuten vom Hauptbahnhof, der Innenstadt, aber auch von Meer und Strand entfernt. Ein architektonisches Prestigeobjekt, das für Nachhaltigkeit steht wie kaum ein anderes. Das Ohboy funktioniert wie ein Self-Check-in-Hotel und hat – fast so wie ein Motel – Apartments, die auf Straßenlevel liegen und alle einen eigenen Eingang haben. Die Fahrräder können die Gäste dann direkt vor der Tür im Vorgarten parken oder im Zimmer an die Wand hängen. Die Apartments sind hübsche, moderne Lofts, die über zwei Etagen gehen. Sie haben eine kleine Küche, ein Badezimmer und Schlafmöglichkeiten für ein bis drei Personen. Sogar ein Fahrrad ist im Hotelpreis enthalten, bei Bedarf gibt es sogar Cargoräder, um größere Einkäufe zu transportieren, denn das Ohboy ist auf Selbstversorger ausgerichtet. Wer nicht selbst kochen mag, findet in unmittelbarer Nähe aber auch ein gemütliches Café und überall in der Stadt hervorragende Restaurants aller Preisklassen.

TIPP

Wer von Malmö aus eine Fahrradtour plant, kann bei Travelshop vorbestellen (www.travelshop.se/en).

- **Ohboy, Lilla Varvsgatan 24, 211 75 Malmö**
  www.ohboy.se/en
- **ÖPNV: Ab Malmö Hbf. Bus 5, Haltestelle Ubåtshallen (2 Minuten Fußweg)**

Auf literarischen Pfaden

6 Der Auswandererweg durch Småland

Der schwedische Schriftsteller Vilhelm Moberg (1898–1973) schrieb in den 1950er-Jahren sein Hauptwerk: ein aus den vier Romanen „Die Auswanderer“, „In der neuen Welt“, „Die Siedler“ und „Der letzte Brief nach Schweden“ bestehendes Epos über die Emigration in der zweiten Hälfte des 19. Jahrhunderts. Damals verließen gut eine Million Schweden ihr Land und wanderten in die USA aus – in der Hoffnung, dort ein weniger hartes und entbehrungsreiches Leben vorzufinden. Die Romane wurden nicht nur verfilmt und als Musical auf die Bühne gebracht. Es gibt auch einen Weg der Auswanderer: den Utvandrarleden. Er führt durch den Südosten von Småland, wobei man ihn in gut sechs Tagen auf rund 110 Kilometern erwandern oder in gut vier Tagen auf rund 130 Kilometern mit dem Fahrrad erfahren kann. Auch mit dem Kanu oder Kajak sind einige Strecken sehr lohnenswert. Der Weg führt durch die Gebiete, aus denen in Mobergs Zeiten besonders viele Menschen ausgewandert sind, und führt unter anderem durch die Gemeinden Emmaboda, Lessebo und Tingsryd.

TIPP
Passend gibt es in Växjö das Haus der Auswanderer, wo geforscht und informiert wird.

Übrigens ist der Auswandererweg nicht der einzige thematische Weg durch Südschweden. Neben den bekannten Fernwanderwegen wie dem fast 600 Kilometer langen Pilgerweg St. Olavsleden in Westschweden und dem 1162 Kilometer langen Skåneleden in Südschweden gibt es unter anderem den „John Bauerleden“, der an den schwedischen Maler John Bauer (1882–1918) und seine Bilder von Trollen, Wichteln und Elfen erinnert. Auf 46 Kilometern verläuft der Weg zwischen Jönköping bzw. Huskvarna und Gränna und variiert zwischen dem Ufer des Vättern-Sees und dessen Steilhängen. Der See ist der Ort, an dem John Bauers Leben so tragisch endete: Als er am 20. November 1918 mit Frau und Sohn nach Stockholm umziehen und via Schiff von Gränna über den Vättern und den Göta-Kanal in die Hauptstadt reisen wollte, verrutschte die Frachtung während eines schweren Sturms. Das Schiff versank rund 30 Kilometer nördlich von Gränna – und alle Passagiere an Bord kamen ums Leben.

● Auswandererweg, guter Startpunkt: Långasjö Vandrarhem STF, Kyrkvägen 39, 361 95 Långasjö, www.utvandrarleden.se

Leben wie die Wikinger

7 Das Foteviken bei Malmö

Eine Zeitreise gefällig? Nur wenige Kilometer südlich von Malmö ist das möglich: Im Freilichtmuseum Foteviken ist ein ganzes Wikingerdorf aus der Zeit zwischen 950 und 1150 nachgebaut. Mehr als 20 kleine Hütten am Meer, darunter Wohnhäuser, Zollhäuschen, Bäckerei, Grubenhaus, Kokshaus, Fischerhäuser, Räucherkammer, Lagerhäuser, Werkstätten … Und mittendrin ein kleiner Wachturm, den man erklettern kann. Ein Freilichtmuseum – und doch noch so viel mehr als das. Im Foteviken leben nämlich echte Menschen, zumindest den Sommer über. Neben den Angestellten, die von ihren Wohnorten in der Nähe täglich ins Dorf pendeln, sich dort zeitgenössische Kleidung überziehen und ihren Job machen, sind es Mitglieder der Living-History-Szene und zahlreiche Freiwillige, die wirklich in die Zeit eintauchen und in den kleinen Hütten leben. Also nicht wundern, wenn in dem einen oder anderen kleinen Wikingerbett ein knallroter Schlafsack liegt oder auf manch einem schiefen Holztisch eine moderne Trinkflasche steht. Das Konzept des Museums ist es nämlich, das alles so realitätsnah wie möglich nachgebaut wurde. Es handelt sich eben nicht um eine Filmkulisse, sondern um tatsächlich bewohnbare Häuser.

TIPP

Im Shop gibt es unter anderem Schmuck und alte Kostüme.

Geht man durch die Gassen des Dorfes, kann es auch schon mal passieren, dass die Bäckerin vorbeikommt und einem noch warme Brotfladen mit Butter und Honig anbietet. Auch Tiere leben mit im Dorf, unter anderem Hühner und Schafe, die frei herumlaufen. Wie das eben so war, damals bei den Wikingern. Für Kinder und irgendwie auch für die Erwachsenen gibt es außerdem noch einen großen Platz, auf dem alte Spiele ausprobiert werden können – vom Stelzenlaufen über Tauziehen bis zu Wurfspielen und einem riesigen Bereich, in dem man wie ein Forscher nach Funden aus der Wikingerzeit buddeln kann. Im modernen Eingangsgebäude findet man eine kleine Ausstellung, die über das Leben der Wikinger in der Region informiert.

● Freilichtmuseum Foteviken, Museivägen 27, 236 91 Höllviken
www.fotevikensmuseum.se

Riviera am Vätternsee

8

Harge Bad & Camping

Wer keine Freude an riesigen Campingplätzen hat, mag im ersten Moment etwas zusammenzucken, aber wenn man einmal die Schranke zu Harge Bad & Camping passiert hat, kommt man aus der Nummer eh nicht wieder raus und darf sich einfach mal auf das Campingleben einlassen. Und das ist: cool! Das mag an dem zwar großen, aber auch äußerst sauberen und einladenden Platz liegen. Eine Anlage mit kleinem Wäldchen, großem Kiosk, Spielplätzen und breiten Wegen. Das mag aber auch der Stimmung der Gäste untereinander geschuldet sein. So offen, frei und ganz ohne Platzhirsch-Manier. Da bietet einem der Nachbar schon mal sein letztes Grillwürstchen an oder schiebt einem am Morgen gleich eine Tasse heißen Kaffee rüber. Man kann sich Fahrzeuge ausleihen, Minigolf spielen oder sich einfach mit einem Eis in die Sonne setzen. Es gibt Stellplätze und eine Zeltwiese, aber auch gemütliche Stugas, also kleine Hütten, von der ganz einfachen Kategorie bis zu richtig luxuriösen mit Bad und Sauna.

TIPP

Im Restaurant Hargebaden gibt es gutes Essen mit Blick aufs Meer (www.restaurangharge baden.se).

Das absolute Highlight allerdings ist gar nicht der Campingplatz: Es ist die Bucht, die man in nur 2 Minuten Fußweg erreicht. Sie wird auch „Nerikes Riviera“ genannt und liegt fast im äußersten Norden des Vätternsees. Und wenn man nicht genau wüsste, dass man an einem See ist, könnte man sich glatt am Meer wähnen. Diese Weite ist berauschend. Der Strand richtig groß und feinkörnig. Es gibt Felsen, auf denen man faul liegen oder von denen man sich wagemutig in die Tiefe stürzen kann. Der See ist außerdem lange recht flach, sodass sich auch nicht so gute Schwimmer hineinwagen können. Die Bucht ist von Bäumen und Feldern umsäumt und kann im Sommer schon mal etwas voll werden. Wer eher den Fun-Faktor mag, findet neben dem Strand ein zum Campingplatz gehörendes Freibad mit temperierten Pools und rasanten Wasserrutschen.

● Harge Bad & Camping, Hargebadsvägen 89, 696 94 Hammar
www.hargefritid.se/en/

Klebrige Köstlichkeiten

9

Polkagris naschen in Gränna

Die rot-weiße Masse ist zäh, klebrig und lauwarm. Wieder und wieder rollt der Mann hinter der Theke sie über den Tisch. Zieht. Drückt. Dann sieht er auf und lächelt, löst drei kleine Stücke von der Masse ab und reicht sie zum Probieren. Das schmeckt süß und wunderbar minzig. Nach Kindheit und Schwedensommer. In Gränna, der Bonbon-Stadt am Vättersee, gibt es mehr als zehn Bonbon-Kochereien. Viele davon liegen gleich an der Brahegatan, der bunten, zuweilen schon fast südeuropäisch wirkenden und etwas trubeligen Einkaufsstraße von Gränna. Von hier aus kann man immer wieder einen Blick auf den Vätternsee ergattern, den nach dem Vänernsee mit einer Fläche von 1886 Quadratkilometern zweitgrößten See Schwedens und elftgrößten See Europas.

TIPP

Lust auf eine Zeitreise? Im Café Fiket fühlt man sich in die 1950er-Jahre versetzt (www.fiket.se).

Die bunten Zuckerstangen heißen auf Schwedisch *polkagris*. Es gibt sie in vielen Geschmacksrichtungen: von sauer bis karamellig, von fruchtig über schokoladig bis scharf. Minze mit Erdbeer ist der Klassiker. Erfunden wurden sie von Amalia Eriksson (1824–1923). Als Kind hatte sie ihre Eltern und ihre fünf Geschwister bei einer Choleraepidemie verloren. Später arbeitete sie viele Jahre lang als Hausmädchen, heiratete dann den Schneider Anders Eriksson und mietete sich mit ihm ein kleines Häuschen in Gränna, an der Brahegatan. Dort brachte sie Zwillinge zur Welt, von denen nur eines die Geburt überlebte. Eine Woche später starb auch ihr Mann. Und Amalia, gerade mal 35 Jahre alt, war Witwe und alleinerziehende Mutter. Wegen ihrer schwierigen Situation bekam sie eine Sondererlaubnis, als Frau ein eigenes Geschäft eröffnen zu dürfen: Grännas erste Polkagriskokeri. Fortan stellte sie nach einem Geheimrezept *polkagris* her – und ging als „Tante Amalia" in die Geschichte Grännas ein. Sie starb Anfang des letzten Jahrhunderts. Mit fast hundert Jahren. Und als eine der reichsten Frauen der Stadt.

● Grenna Polkagriskokeri, Brahegatan 39, 563 32 Gränna, www.polkagris.com/en
Viele weitere Polkagris-Manufakturen entlang der Straße

UTESERVERIN
KAKOR
BAKVERK
TARTOR
BULLAR
VETELANGD
FRALLOR
LIMPOR
SURDEGSBRÖD
SMORGASTARTOR
BAKFICKAN
MATIGA MACKOR
SALLADER
LÄTTARE LUNCHER
110 kr
VÄLKOMMEN IN I NOSTALGIN!

Versinken im Farbenmeer

10

Das Nordiska Akvarellmuseet auf Tjörn

Ein bisschen fühlt man sich selbst wie in einem Gemälde, wenn man das Nordiska Akvarellmuseet besucht. Es liegt im westschwedischen Schärengarten, der sich von der südlichsten Insel Vrångö vor Göteborg bis zu den Kosterinseln erstreckt, auf der Schäreninsel Tjörn in der historischen Provinz Bohuslän. Die Insel ist mit gut 167 Quadratkilometern die sechstgrößte Schwedens und gehört zur gleichnamigen Gemeinde, die aus insgesamt 1546 einzelnen Inseln besteht. Hauptort ist Skärhamn – und genau dort wurde das Aquarellmuseum 2010 auf Pfeilern errichtet, genau da, wo der wunderschöne Hafen endet und eine Badestelle inmitten kleiner Felsen und schroffer Hügel beginnt. Das Museum ist ein Begegnungsort zumeist nordischer Künstlerinnen und Künstler, darunter Martin Jacobson, Andreas Eriksson, Lars Lerin, Maria Nordin oder Gunilla Bergström. Außerdem ist das Museum ein auf Aquarelltechniken spezialisiertes Forschungs- und Ausbildungszentrum, das seinen Besuchern im Erdgeschoss zwar wunderbare Ausstellungen zeigt, sie aber in der ersten Etage in die Kunst mit einbezieht. Durch riesige Glaswände schaut man dann aufs Wasser, kann unterschiedliche Maltechniken ausprobieren, Filme anschauen, an Workshops teilnehmen und sich und die eigene Kreativität ausprobieren. Für Kinder gibt es am Eingang kleine Entdeckerkisten mit Fernrohr, Lupe, kindgerechten Erklärungen und viel Entdeckermaterial, um so eine Ausstellung mal auf ganz andere Weise zu erkunden.

TIPP

Wenn es voll wird, sind fast immer noch Stellplätze am Södra Hamnen 13 vorhanden.

Wer danach noch Lust hat, die Gegend rund um das Museum zu entdecken, taucht erneut ein in eine Welt der Farben und Farbnuancen, denn egal ob man am kleinen Strand sitzt, auf Felsen klettert oder durch den Hafen schlendert – überall fällt einem dieses besondere Licht auf, die sanften Töne, das Farbenspiel. Und plötzlich wird das Verlangen groß, einfach wieder hineinzugehen ins Museum, sich Pinsel und Farben zu schnappen, aus den riesigen Fenstern zu schauen und: immerzu zu malen.

● Nordiska Akvarellmuseet, Södra Hamnen 6, 471 32 Skärhamn,
Tel. +46 (3 04) 60 00 80, www.akvarellmuseet.org

Auf Wallanders Spuren

11 Zu Besuch in Ystad

Manche Urlaubsdialoge vergisst man nicht. Dieser in Ystad auf der Hamngatan war so einer: „Sind wir hier wohl noch richtig?" – „Klar! Die Straße rauf, dann kommt links der Bankautomat und dahinter sind die Kirche und der Rathausplatz." Beeindrucktes Schweigen. Dann: „Woher weißt du das? Warst du schon mal hier?" – „Nein, aber der wurde doch in die Luft gesprengt." – „Bitte?" Und dann die Auflösung: „Na, bei Wallander! In welchem Band weiß ich aber nicht mehr." Und tatsächlich ist da kurze Zeit später links ein Bankautomat und gleich dahinter sieht man die Sankt-Marien-Kirche und das Alte Rathaus.

Der Platz ist heimelig. Und die Erkenntnis beeindruckend: So nah also ist das Hafenstädtchen Ystad in der historischen Provinz Schonen als Schauplatz von Henning Mankells Wallander-Krimis am Original. Kommissar Kurt Wallander, diese immer etwas missgelaunte, kluge, mutige, latent depressive Romanfigur, hat in Ystad dermaßen Spuren hinterlassen, dass noch immer Krimifans aus aller Welt dort auf seinen Wegen wandeln. Straßen, Plätze, Restaurants – alles existiert auch in der Realität. Sogar das Wohnhaus Wallanders in der Mariagatan 10 steht da in echt. Und als die Bücher in den 1990er-Jahren nach und nach verfilmt wurden, waren es wieder Ystad und die dortigen Schauplätze, an denen gedreht wurde. Deshalb werden natürlich auch spezielle Stadtführungen angeboten, bei denen Krimifans auf den Spuren ihres Helden wandeln können. Außerdem gibt es eine Karte, in der alle Schauplätze verzeichnet sind. Und wenn man zufällig nicht wegen Henning Mankell und seinem Wallander in Ystad ist? Auch nicht schlimm, denn die Stadt ganz im Süden von Schweden hat mit ihren hübschen Häusern, kleinen Geschäften und rosenberankten Fassaden auch so einiges zu bieten. Außerdem gehen hier gleich zwei wichtige Fähren ab: die ins polnische Swinemünde und die nach Bornholm (Dänemark). Letztere ist für Touristen auch als Tagesausflug zu empfehlen.

TIPP

In den Ystad Filmstudios finden Wallander-Fans alles über die Drehorte.

● 271 42 Ystad, Tourist-Information St. Knuts Torg, www.ystad.se

Studie
främjandet

Fluss mit Tradition

12 Auf dem Göta-Kanal quer durchs Land

Er ist Schwedens blaues Band, verbindet den Vänernsee in Westschweden mit dem Vätternsee, endet an der Ostküste und erstreckt sich auf einer Länge von 190 Kilometern und mit insgesamt 58 Schleusen zwischen den Städten Sjötorp im Westen und Mem im Osten. Der im 19. Jahrhundert von rund 58.000 Soldaten erbaute Göta-Kanal ist eine der beliebtesten Attraktionen und bis heute eines der größten Bauprojekte Schwedens. Und er ist eine außergewöhnliche und besonders schöne Möglichkeit, einmal quer durchs Land zu reisen. Ganz klassisch geht das mit dem Schiff. Zum Beispiel bei einer stilvollen Kreuzfahrt. Neun verschiedene Passagierboote befahren derzeit den Göta-Kanal, manche bieten nur Fahrten von ein paar Stunden an, andere richtige kleine Urlaube von rund einer Woche. Zu den berühmtesten Schiffen, die für klassische und stilvolle Flusskreuzfahrten auf dem Göta-Kanal verkehren, zählen die unter Denkmalschutz stehenden Schiffe M/S Juno von 1874, M/S Wilhelm Tham von 1912 und M/S Diana von 1931.

Im historischen Ambiente reist es sich ja wie durch die Zeit, mit Stationen wie der Göta-Kanal-Ausstellung in Motala, dem Kanalmuseum in Sjötorp, der Schleusentreppe von Trollhättan, dem Schloss Läckö am Vänernsee, der Festung von Karlsborg am Vätternsee, dem Aquädukt bei Kungs Norrby, dem Mälarsee, der Wikingerstadt Birka oder dem Schloss Drottningholm, dem Wohnsitz des schwedischen Königspaares. Wer möchte, kann den Göta-Kanal natürlich auch mit dem eigenen oder geliehenen Boot entdecken. Oder man fährt mit dem Fahrrad über die insgesamt 87 Kilometer langen alten Treidelpfade, auf denen es keine Autos gibt. Dafür und natürlich auch für diverse Wanderungen zu Fuß gibt es bereits geschnürte und im Vorfeld buchbare Pakete.

TIPP

Im Hotel in Norrqvarn kann man auch in Baumstamm oder Pilz übernachten (www.norrqvarn.se/de).

- Göta-Kanal-Ausstellung, Varvsgatan, Dockanområdet, 591 60 Motala
- Kreuzfahrt auf dem Göta-Kanal, www.gotakanal.se/de, www.gotakanal.se/de

WASA LEJON

Urlaub im Strandhaus

13 Die Küste um Falkenberg

Kleine Strandhäuser reihen sich entlang der Küste. Eine Mischung aus Ferienhaus und Campingheim, da die meisten kein Badezimmer haben und man deshalb das Waschhaus nutzen muss, der Rest aber genauso einladend und komfortabel wie ein gutes Ferienhaus ist. Die kleinen Häuschen nahe am Strand von Falkenberg sind perfekt, wenn man einfach nur den Strand genießen will, denn zu dem ist es nicht weit. Einmal schnell zwischen den Häuschen entlang und dann durch die hohen Dünen und schon tut sich einem eine weite Landschaft auf. Strand, Wasser, kleine Wege durch die Dünen, Meer, hohe Wellen und ein sanfter Weg ins Wasser. Keine Liegen oder Strandkörbe, dafür einfach nur Weite und ideale Voraussetzungen zum Baden im Kattegat. Es gibt auf insgesamt rund 13 Kilometern Küste gleich mehrere Strände, von denen der Skrea-Strand einer der ganz besonders schönen Abschnitte ist.

Und am Abend? Da geht man müde vom Sonnen und Schwimmen in großartige Restaurants. In Falkenberg, dem Seebad in der Mitte der halländischen Küste, gibt es davon nämlich viele – von der bodenständigen Pizzeria bis hin zu sehr noblen Fischrestaurants. Schön ist auch ein Bummel durch die Innenstadt mit der Tullbron, einer alten Zollbrücke aus dem 18. Jahrhundert, die Falkenbergs Wahrzeichen ist und als eine der schönsten Steinbrücken Schwedens gilt. Besonders hübsch ist Falkenbergs Altstadt Gamla Stan mit ihren schiefen Kopfsteinpflaster-Straßen und den schönen bunten Holz- und Fachwerkhäusern. Falkenberg fühlt sich an wie schwedischer Sommer. Und die Abende vor den Strandhäusern, zwischen denen halbwilde Kaninchen herumhoppeln und auf deren Terrassen die Menschen beim Grillen oder mit einem Glas kühlem Weißwein sitzen, haben ihren besonderen Charme. Wenn Falkenberg, dann immer wieder ins Strandhaus.

TIPP

Das Ocean in Falkenberg ist eines der besten Fischrestaurants: Kittervägen 51 (www.oceanhotel.se/restaurang).

● 311 34 Falkenberg, Tourist-Information Holgersgatan 11, www.falkenberg.se

Nachts in Bullerbü

14 Mittelhof und Waldhütte in Sevedstorp

Es gibt Orte, die kennt man ganz genau. Auch wenn man nie dort war. Bullerbü ist ein solcher Ort. Die drei roten Bauernhäuser mit ihren kleinen Holzzäunen, den niedlichen Eingängen und den weiß umrandeten Fenstern. Wie sie da stehen, in ihren alten Bauerngärten. Inmitten von Wiesen und Wäldern. Etwas hügelig ist die Landschaft. Waldig. Einsam. Am Anfang der schmalen Schotterstraße, die zu den Häusern führt, stehen zwei Milchkannen. Nur ein paar wichtige Leute fehlen: Ole und Kerstin vom Südhof, Lisa, Lasse und Bosse vom Mittelhof und Britta und Inga vom Nordhof – die Kinder aus Bullerbü! Die drei alten Höfe in Sevedstorp, einem Dorf in der Gemeinde Pelarne, liegen an der Straße 40 zwischen Vimmerby und Mariannelund und waren in den 1980er-Jahren die Filmkulisse von Lasse Hallströms Bullerbü-Verfilmungen. Sie sind im Privatbesitz und deshalb nicht zu besichtigen, aber es gibt ein Café, Streicheltiere, Schaukel, Spiele, Kletterbäume, Scheunen und Infotafeln außerhalb der privaten Bereiche. Und: Es bieten sich inzwischen gleich zwei Möglichkeiten, auf Bullerbü zu übernachten: Den 85 Quadratmeter großen Mittelhof, in dem einmal Astrid Lindgrens Vater lebte und der sie zu ihren Geschichten inspiriert hat, haben der Stockholmer Anton Lundberg und seine Frau Magdalena 2018 gekauft. Magdalena ist ein großer Fan der Bücher von Astrid Lindgren und sie träumte davon, dass ihre beiden Söhne zumindest für ein paar Wochen im Jahr echte Bullerbü-Sommer erleben. Sie renovierten das Haus aus dem 19. Jahrhundert nach und nach und vermieten es jetzt in den Sommermonaten, vorausgesetzt sie nutzen es nicht selbst.

Übernachten kann man außerdem in der sehr viel einfacheren Waldhütte etwas abseits der Häuser am Waldrand, die über das Café zu mieten ist. Für die Gäste der Hütte gibt es einen Schlüssel zur Scheune, der zu Toiletten und einer heißen Dusche führt, denn die eher praktisch eingerichtete Hütte hat zwar eine Terrasse mit Tisch und Stühlen und ein Waschbecken an der Außenwand, aber ansonsten nur ein Plumpsklo.

TIPP

Ab 10 Uhr gibt es zum Frühstück Zimtschnecken im Café Sörgården in der roten Scheune.

● Bullerbyn, Sevedstorp 133, 598 97 Mariannelund
www.astridsbullerbyn.se/göra-i-bullerbyn.php

Bei Anna in Pilane

15

Der Skulpturenpark auf Tjörn

Die Insel Tjörn in den Schären der Westküste inspiriert durch ihr Nebeneinander von kargen Felsen und lieblichen Landschaften, kleinen Häfen, weißen Häuschen, Meeresrauschen und hübschen Cafés. Das durch die imposante Tjörnbron mit dem Festland verbundene Eiland bietet aber auch an gleich mehreren Orten Kunst inmitten der Natur – und das sogar auf einem einstigen Gräberfeld. Der Skulpturenpark von Pilane befindet sich nämlich auf einem der größten Grabfelder in der Provinz Bohuslän, das während der Eisenzeit angelegt wurde. Ein ehrwürdiger Platz, damals wie heute. Denn heute sind es Skulpturen, die da zwischen Grabhügeln, kleinen Felsen, Steinen und Schafen stehen. Und es sind nicht irgendwelche Skulpturen, sondern die von namhaften Künstlerinnen und Künstlern aus aller Welt. Eine Ausstellung, die jeden Sommer wechselt. Zumindest einige der Skulpturen werden dann ausgetauscht. Da sind oder waren zum Beispiel der „Pool" des in Liverpool geborenen und in Deutschland lebenden Künstlers Tony Cragg, die Skulptur „Earth" der jungen schwedisch-finnischen Künstlerin Ida Koitila, Werke des flämischen und in Paris lebenden Bildhauers Johan Creten oder der Deutschen Anna Fasshauer. Und da ist Anna. Bombastisch und zart zugleich. Geheimnisvoll und verwunschen. Anna ist eine Sensation, ein Ereignis. Und man darf Tjörn einfach nicht verlassen, ohne sie gesehen zu haben: Anna ist ein 14 Meter hoher schneeweißer Frauenkopf, den der spanische Künstler Jaume Plensa, dessen Werke in zahlreichen Ländern der Welt vertreten sind, eigens für den Skulpturenpark von Pilane aus Glasfaser und Marmorpulver geschaffen hat. Auf einem Hügel wurde er dann installiert. Den Kopf in die Wolken. Die Augen geschlossen. Immer sichtbar. Immer anders. Träumerisch. Genießend. Blickend. Denkend. Fühlend. Und ganz tief ruhend.

TIPP

Nicht weit vom Park liegt das urige Pilane Bed and Breakfast, Långekärr 11, 471 90 Kyrkesund.

● Skulpturenpark, Pilane Heritage Museum, Sältebo 1, 471 92 Klövedal
www.pilane.org

Riesige Zimtschnecken

16

Im Café Husaren in Göteborg

Die sind ja soooo groß! Die Zimtschnecken – schwedisch heißen sie Kanelbullar – sind im Café Husaren in Göteborgs ältesten Stadtteil Haga dermaßen riesig, dass man kaum noch den Teller sehen kann, auf dem sie liegen. Oder das Gesicht, das sich hinter ihnen versteckt. Angeblich sollen sie sogar die größten Zimtschnecken der Welt sein. Sicher ist, dass sie im Café Husaren Hagebullen heißen, also nach dem beliebten Stadtteil benannt sind, in dem das Café liegt. Die riesigen Schnecken schmecken wunderbar zimtig und gemütlich, passend zum historischen Ambiente des Cafés. Das feiert in seinen schönen Räumen die Kaffeehauskultur und kulinarische Genüsse, die in Göteborg eh ganz großgeschrieben werden. Dazu die hübsche Einrichtung des Café Husaren: mit stilvollem Stuck und in einem der ältesten Häuser in Haga. Es hat sogar ein noch erhaltenes Glasdach aus dem Jahr 1896. Ganz früher war in den Räumen des Cafés ein Schuhgeschäft, später eine Bank, ein Hutgeschäft und eine Apotheke. Erst Mitte des 20. Jahrhunderts zog das Café Husaren ein und mit ihm die Hagebullen, aber auch köstliche Kuchen, Torten, herzhafte Pasteten, Panninis und riesige Brote.

Die Schweden übrigens lieben ihre Fika-Tradition, also sehr bewusste Treffen zum gemeinsamen Kaffeetrinken und Kuchenessen mit Freunden, egal ob zu Hause, im Café oder draußen in der Natur. Man lässt sich Zeit, redet, hört einander zu und genießt ausgiebig gute Gespräche und süßes Gebäck – am liebsten natürlich Zimtschnecken. Durchschnittlich soll jeder Schwede jährlich eine Kuchen- und Gebäckmenge verputzen, die 316 Zimtschnecken entspricht. Seit 1999 gibt es sogar einen „Tag der Zimtschnecke". Mit anderen Worten: Ganz Schweden ist verrückt nach diesem herrlichen Zimtgeschmack.

TIPP

Nach dem Cafébesuch noch einen ausgiebigen Verdauungsspaziergang durch Haga machen.

- Café Husaren – Home of Hagabullen, Haga Nygata 28, 411 22 Göteborg www.cafehusaren.se
- ÖPNV: Ab Göteborg Hbf. (Göteborg Centralst Drottningt) Bahn 2, Haltestelle Handelshögskolan (4 Minuten Fußweg)

twist&
tango

Studentenleben genießen

17 Kneipen und Cafés in Lund

Lund ist fast tausend Jahre alt und damit eine der ältesten Städte Schwedens – und doch ist es so unfassbar jung und lebendig. Die kleine Universitätsstadt gleich neben dem großen Malmö ist so voller Charme und jungen, fröhlichen Menschen, dass man sofort darin eintauchen und mitleben und mitfeiern möchte. Rund 40.000 Studenten aus Schweden und aller Welt tummeln sich auf dem altehrwürdigen Campus mitten in der Stadt. Die bereits im Jahre 1666 gegründete Lunds Universitet gilt als eine der hundert besten Universitäten der Welt. Und gleich an den südlichen Rand des Campus grenzt der berühmte Dom zu Lund. Die von 1103 an erbaute Domkyrka mit ihrer berühmten astronomischen Uhr von 1425 ist der älteste Dom Skandinaviens. Von ihm gehen gleich mehrere kleine Straßen ab, in denen man von der hippen Kaffeebar bis zum gediegenen Restaurant einfach alles findet: In der Klostergatan 3 gibt es bei Klostergatans Vin & Delikatess fantastisches Essen. In der Steinofenbäckerei Broder Jakobs in der Klostergatan 9 bekommt man neben frisch gebackenem Brot auch hervorragende Zimtschnecken. Im „John Scotts" in der Skomakaregatan 3 findet man neben bodenständigem Essen auch gutes Bier. Es gibt coole Plattenläden, Kinos, Theater, Museen, Buchläden … Und etwas unterhalb auf dem Marktplatz reihen sich erneut Restaurants und Bars und ganz viel Lebenslust und Lebendigkeit aneinander..

TIPP

Das Forenom Aparthotel Lund (www.forenom.com) in der Laboratoriegatan 10 ist gut und zentral gelegen.

Direkt am Marktplatz gibt es übrigens ein weiteres berühmtes altes Gebäude: die Markthalle am Mårtenstorget sättigt Gourmets bereits seit 1909. In ihrem Innern findet man zahlreiche Stände und Fachgeschäfte für Delikatessen, außerdem Restaurants mit schonischen Spezialitäten und frische Snacks zum Mitnehmen.

● 222 21 Lund, Tourist-Information Bytaregatan 6, www.visitlund.se/en

Eine kleine Welt für sich

18

Die Insel Visingsö im Vätternsee

Wer über den Vätternsee blickt, glaubt nicht, dass der lange grüne Streifen, der da so mittig im Süden des Sees liegt, eine kleine Welt für sich ist. Visingsö mit all seinen kleinen Häusern, uralten Kirchen, steinernen Gräbern, wenigen Hotels, dem Hafen, gemütlichen Cafés, kleinen Badestellen und rund 730 Bewohnern auf übersichtlichen 25 Quadratkilometern ist eine Insel mit Geschichte. Und Geschichten. Das fängt an mit der Legende vom Riesen Vist, der mit einem großen Schritt den Vätternsee überqueren wollte und seiner Frau netterweise einen Grasbüschel in den See warf, damit sie keine nassen Füße bekam. Und geht weiter mit den Menschen, die in der Steinzeit auf Visingsö lebten und deren alte Gräber noch heute zu sehen sind. Genau wie die Grabfelder aus der Bronzezeit, ein bei Ausgrabungen entdecktes Langhaus aus der Eisenzeit und Orte königlicher Macht, wie die Ruine des Schlosses Näs aus dem 12. Jahrhundert, das viele als das erste königliche Schloss Schwedens bezeichnen. Und da ist noch ein weiteres Schloss: Reste der Burg Visingsborg Slott, die Graf Per Brahe Ende des 16. Jahrhunderts errichtete, nachdem Näs Slott zerstört und die königliche Macht längst nach Stockholm verlagert war.

TIPP

Wunderbare Kuchen gibt es im Persgården, Stigby Persgård 2, 563 94 Visingsö (www.persgarden.se).

Man kann sich gar nicht satt sehen an immer neuen alten Gebäuden und schönen Ausblicken über den See. Am besten mietet man sich dafür ein Vierrad-Mobil mit Hilfsmotor, denn die Insel ist nicht so flach wie man im ersten Moment glaubt. So geht es vorbei an der Kirche von Kumlaby, auf deren Turm man klettern kann, an dem niedlichen Heimatmuseum, einer nostalgischen Tankstelle, der großen Brahekirche, einer 1839 gepflanzten Königseiche ebenso wie an der Stora Silvergranen, einer fast 40 Meter hohen Silberfichte … Ab und an sieht man Remmalagen, die typischen Kutschen, die so aussehen wie rot-weiße Stretch-Limos, auf denen die Touristen Rücken an Rücken sitzend von treuherzigen Kaltblütern durch die Landschaft gezockelt werden.

● Insel Visingsö im Vätternsee, 560 34 Visingsö, erreichbar mit der Fähre ab Gränna

Zeitreise auf Djurgården

19 Das Freilichtmuseum Skansen in Stockholm

Es ist das älteste Freilichtmuseum der Welt und mit mehr als 300.000 Quadratmetern Fläche sicherlich auch eines der größten. In dem 1891 von dem schwedischen Philologen und Ethnographen Artur Immanuel Hazelius (1833–1901) auf Stockholms grüner Halbinsel Djurgården gegründeten Freilichtmuseum Skansen kann man mehr als 200 Jahre schwedische Geschichte erwandern und dabei sehr viel lernen und erleben. Dabei reist man aber nicht nur durch die Zeit und ihre Epochen, man entdeckt auch alle Regionen von Schweden, von Schonen im Süden bis hinauf an den Polarkreis. Rund 150 Gebäude aus allen Teilen des Landes und allen gesellschaftlichen Bereichen wurden im Laufe der Jahre in das Museum überführt: von Handels- und Bürgerhäusern über Kirchen, Schulen und Herrenhöfe bis hin zu den Hütten der Samen.

Passend zu den Regionen gibt es immer auch die dort typischen Pflanzen – und Tiere natürlich! Nahe der Samen-Hütten tummeln sich deshalb auch einige zierliche Rentiere, auf den Bauernhöfen grunzen Schweine und gackern Hühner und außerdem findet man im Skansen natürlich auch Bären, Wölfe, Elche … eben alles, was dieses riesige schöne Schweden an Tieren zu bieten hat. Ein richtiges Eintauchen ist das in Kultur und Natur. Dazu gehören übrigens auch die Feste, die im Museum gefeiert werden: Vom Mittsommer bis zum Lucia-Fest und der schwedischen Weihnacht steht alles für Tradition und alte Geschichten. Es gibt Läden, in denen man Produkte aus alter Handwerkskunst kaufen kann, außerdem natürlich Restaurants, in denen man im alten Ambiente traditionelle Gerichte essen und Geschäfte, in denen man Köstlichkeiten wie selbst gebackenes Brot kaufen kann. Hier lässt sich Schweden mit allen Sinnen erleben und nebenbei kann man noch großartige Aussichten über die Hauptstadt genießen – das Freilichtmuseum liegt nämlich am westlichen Rand der Halbinsel Djurgården am Berg. Weitblick inklusive.

TIPP

Nur wenige Minuten zu Fuß ist es bis zum ABBA-Museum (www.abbathemuseum.com/en). Ein Muss für Musik-Fans.

- Skansen, Djurgårdsslätten 49–51, 115 21 Stockholm, www.skansen.se/en
- ÖPNV: Ab Stockholm Hbf. (T-Centralen) Bahn 7, Haltestelle Skansen

Im Gefängnis von einst

20 Das Ödevata-Camp in Småland

Dicht und dunkel die Wälder. Kühl und klar die Seen. Der Himmel, weit und wunderbar. In Småland, in der Gegend um Emmaboda, liegt Ödevata – ein ganz besonderer Ort zwischen zwei Seen. Wiesen mit Baumschaukeln, Trampolinen, Tippis und Feuerstellen. Saunafässer direkt am Wasser. Ein Schuppen mit Bootszubehör und Angelutensilien. Und dann dieses schöne Haupthaus, das aussieht wie eine große Farm. Rot und aus Holz und in seinem Inneren wunderschön im schwedischen Landhausstil ausgestattet. Eine Mischung aus antiken Möbeln und modernem Design. Gemusterte Tapeten. Kleine Sitzecken mit kuscheligen Schaffellen. Bunte Flickenteppiche. Ein Haus, liebevoll bis ins Detail. Auf jeder Etage eine Küche mit Essbereichen. Lauter Inseln, auf denen man Menschen begegnen, sich aber auch zurückziehen kann.

TIPP
Zu Ödevata gehören auch ein kleiner Wohnmobilstellplatz und Ferienhäuser am See.

Die Idee der Küchen im Haus ist schnell erklärt. Das nächste Restaurant ist dort eben nicht gleich nebenan, da passt die Kombi: Morgens bereitet Malin ihren Gästen ein Frühstücksbuffet mit eigenen, auf dem Hof produzierten Produkten in einem der Nebengebäude zu. Da sitzt man dann an einem der vielen gemütlichen Tische im Haus oder unter freiem Himmel und sieht Laufenten vorbeiwatscheln, die aussehen wie Karikaturen von Donald Duck. Hört Hühner gackern und Schafe blöken. Und den Rest des Tages bereitet man sich sein Essen in einer der Küchen zu oder nutzt die Außenküche im Innenhof des Hotels und die Grillplätze mit Biokohlegrill im Außenbereich. Gut auch, um andere Schwedenfans kennenzulernen. In Schweden sagt man übrigens „du", außer ein Mitglied der Königsfamilie steht vor einem. 2006 hatten Malin und ihr Mann Magnus die stillgelegten und seit 9 Jahren leerstehenden Gebäude inmitten der Wälder übernommen, ein Gelände, das von 1923 bis 1943 ein Arbeitslager, von 1943 bis 1946 ein Internierungslager und von 1946 bis 1997 eine Strafvollzugsanstalt war. Und jetzt? Ein Ort des Friedens. Und der absoluten Freiheit.

● Ödevata Fiskecamp, Ödevata 104, 361 92 Emmaboda
www.odevatagardshotell.se/de

Glamour in den Westschären

21 Der Hafen von Fjällbacka

Es sieht fast ein bisschen kitschig aus, wenn man am Abend den steilen Berg hinunter zum Hafen von Fjällbacka fährt – und es ist auch gar nicht außergewöhnlich, wenn da gerade ein paar Musiker romantische Lieder spielen, Menschen eng umschlungen miteinander tanzen und über dem Gesamtschauspiel mit den kleinen Häusern und schaukelnden Booten zwischen Meer und Felsen golden die Sonne untergeht. Fjällbacka, dieses wunderschöne alte Fischerdorf an der Westküste, liegt direkt vor den steilen Wänden des Vetterbergs, durch den die Kluft Kungsklyftan verläuft, bei der Teile von „Ronja Räubertochter" gedreht wurden.

Ronja ist nicht der einzige prominente Name, den man mit dem Ort in Verbindung bringt. Der Schriftsteller Gorch Fock (1880–1916) wurde auf der nicht bewohnten Insel Stensholmen vor Fjällbacka begraben, nachdem seine Leiche nach der Seeschlacht am Skagerrak auf der Insel Väderöbod an Land getrieben worden war. Außerdem heißt der Hauptplatz des Hafens Ingrid Bergmans Torg, in Gedenken an die Hollywood-Ikone Ingrid Bergmann (1915–1982), die seit Ende der 1950er-Jahre bis zu ihrem Tod auf der Insel Dannholmen vor Fjällbacka Urlaub machte, gerne nach Fjällbacka zum Shoppen und Essen kam und deren Asche in der Gegend auf See verstreut wurde. Auf Dannholmen steht noch heute das Häuschen, in dem sie lebte und das weiterhin im Familienbesitz ist. Und die Bäckerei Setterlinds in Fjällbacka (Falkevägen 2 a) verkauft noch heute Mandelberge, Ingrid Bergmanns Lieblingskekse. Höchst lebendig hingegen ist die Krimiautorin Camilla Läckberg, deren spannende Krimis auf und bei Fjällbacka spielen. Für ihre Fans gibt es deshalb unter anderem spezielle Thementouren und ein Krimimenüs. Oder man bummelt einfach selbst umher, nimmt die Bücher gleich mit und fragt sich, welche Szene wo gespielt hat.

TIPP

In der Hauptsaison unbedingt vorbuchen.

● 457 40 Fjällbacka, Tourist-Information Ingrid Bergmans Torg, Tel. +46 (7 02) 54 54 08, www.fjallbacka.org

MAX 4 TIM

Eine Welt voller Äpfel

22 Die Safterei in Kivik

In Österlen, diesem hübschen Landstrich ganz im Süden von Schweden, gibt es zahlreiche Galerien. Irgendwie scheinen die kleinen Orte Kreative anzuziehen, sie zu inspirieren. Das mag am Licht liegen. Und an der Landschaft, die ein wenig wie der sonnige Süden erscheint. Sanft hügelig wie die Toskana. Und dann sind da diese Plantagen. Zuerst könnte man denken, es sind Weinberge. Doch gerade im Frühling, wenn aus den kargen Stöcken ein Blütenmeer entsteht, wird klar, dass es sich um Äpfel handelt. Das Fischerdorf Kivik und die Umgebung rundherum sind bekannt für ihre riesigen Apfelplantagen. Als 1888 Kiviks Musteri, also eine Safterei, gegründet wurde, war es Schwedens erste kommerzielle Obstplantage. Heute wachsen in den Gärten rund 70 unterschiedliche Apfelsorten.

TIPP
Einen Ausflug zum Stenshuvud Nationalpark machen (www.visitskane.com/de/outdoor-abenteuer/stenshuvud-nationalpark).

Kiviks Musteri ist längst auch ein touristischer Knotenpunkt geworden. Es gibt Führungen durch die Produktionsstätten, in denen schon seit vier Generationen Apfel- und andere Fruchtdrinks produziert und im ganzen Land verkauft werden: Frucht- und Softdrinks, Apfelwein und der Must „Årets skörd", der zu hundert Prozent aus der Jahresernte an Äpfeln besteht. Im „Haus des Apfels" gibt es eine Ausstellung über den Apfelanbau und seine Geschichte, die Kinder ebenso wie Erwachsene spannend informiert. Im Restaurant und im Café kann man – sowohl drinnen als auch draußen – die eigenen Produkte, aber auch Fika-Angebote wie Kuchen und Zimtschnecken und leckere Mittagsmenüs genießen. Außerdem gibt es regelmäßig Apfelweinverkostungen und natürlich den eigenen Hofladen namens Musteributiken, in dem man alles rund um die Äpfel shoppen kann, darunter zahlreiche unterschiedliche Frucht- und Gemüsesäfte, Limonaden, Apfelweine, Marmeladen, Chutneys und natürlich auch ganz gewöhnliche und frisch geerntete Äpfel.

● Kiviks Musteri, Karakåsvägen 45, 277 35 Kivik, Tel. +46 (4 14) 719 00
www.kiviksmusteri.se

Authentische Leben

23 Das Fischerdorf Träslövsläge an der Westküste

Auf dem Parkplatz am Hafen klettern gerade zwei Windsurferinnen in ihre schwarzen Surfanzüge. Es ist früh am Morgen. Kalt und windig, wobei Letzteres zumindest die beiden freuen dürfte. Gleich hinter dem Parkplatz beginnt der Hafen von Träslövsläge. Ein kleiner Fischereihafen, der von roten Holzhäusern gesäumt ist und in dem auch einige Kutter liegen. Fischer stehen auf den Holzstegen und unterhalten sich. Netze liegen herum. Es riecht nach Meer, nach Wind. Das alles ist nicht schick, nicht elegant, wie manch ein Yachthafen an der Westküste es ist. Der Hafen von Träslövsläge ist eher urig und gemütlich, gar nicht touristisch und nur deshalb sehenswert, weil er so normal ist und für viele kleine Fischerdörfer steht, wie es sie früher an der Küste viel häufiger gab.

TIPP

Für den Kaffee im Hafen ins Kaffeboden (www.kaffeboden.nu).

Durch seinen Ausbau wurde der Hafen allerdings im 20. Jahrhundert zum größten Fischereihafen in der Provinz Halland. Ein Teil der frühen Siedlungen ist entlang der Straße Storgatan noch erhalten. Mit den Jahren wuchs Träslövsläge und neben dem traditionellen Fischereihafen entstand ein Yachthafen mit Tankstelle und Restaurant. Dass der Hafen sehr bedeutend war, merkt man auch dem restlichen Dorf an: kleine Straßen, hübsche alte Häuser, manche mit Blumen umrankt. Es gibt Cafés und Restaurants, außerdem Spielplätze und einen schönen Strand in Hafennähe, zu dem sich die Windsurferinnen aufmachen. Die Wellen können hoch sein in Träslövsläge. Im Ort fällt die Kirche auf. Weiß und mit einem roten Dach ragt sie zwischen den Häusern heraus. Ganz aus Holz gebaut. Die Kirche gibt es erst seit 1926, bis dahin mussten die größtenteils sehr kirchentreuen Menschen in Träslövsläge für jeden Gottesdienst den 8 Kilometer langen Weg ins benachbarte Träslöv auf sich nehmen oder – von 1919 an – zum Gottesdienst in eine nahe Schule gehen. Im Inneren der Kirche gibt es ein altes Altarkreuz mit Dornenkrone, außerdem sehenswerte Deckenmalereien.

● 432 75 Träslövsläge mit Kirche, Storgatan 46

Wo alles begann

24 Linnés Elternhaus Råshult

Carl von Linné (1707–1778) war nicht nur ein berühmter Arzt und Naturforscher, der sich der Pflanzensystematik und Botanik widmete und als Begründer der *Systema Naturae,* also einer Systematik der Natur gilt, nach der Pflanzen, Tiere und Mineralien bis heute erfasst werden. Er ist auch eng mit seiner småländischen Heimat verbunden, in der seine Liebe zur Natur begann. Rund um sein Elternhaus, dem Pfarrhof Råshult Södregård, nördlich der Stadt Älmhult, zeigte ihm nämlich sein Vater schon früh die Pflanzenwelt und entdeckte zusammen mit ihm die Natur. Eigentlich aber wollte der Vater, dass der Junge Pfarrer wird, so wie er und sein Vater auch. Doch die Schulnoten sprachen dagegen, denn in Fächern wie Hebräisch, Theologie oder Griechisch war er schlecht, dafür glänzte er in Mathematik, Naturwissenschaften und Latein. Später studierte Carl von Linné, reiste viel, wurde ein berühmter Naturwissenschaftler.

TIPP

Am Såganässjön liegt ein kleiner Campingplatz.

Da passt es, dass sein Geburtshaus Råshult heute ein Museum ist, das zu einer Reise in die Landschaft und Gärten des 18. Jahrhunderts einlädt. Rund um den Hof gibt es ein 42 Hektar großes Kulturreservat, in dem die Landschaft der von damals so genau wie möglich nachempfunden ist und durch das man auf markierten Pfaden wandern und die Natur, aber auch Gebäude, Gutsgelände und den Garten mit alten Apfelbäumen und duftenden Kräuterbeeten entdecken kann. Manchmal führt auch ein als Carl von Linné verkleideter Experte die Gäste durch Råshult. Und wer vom Wandern und Entdecken erschöpft und hungrig ist, kann sich ins dazu gehörende Café setzen und Kuchen oder vom vegetarischen Buffet Bio-Produkte essen. Auf dem Gelände gibt es auch ein Heimatmuseum und natürlich ein Denkmal für Carl von Linné. Außerdem liegt es sehr idyllisch inmitten einer Seenlandschaft und grenzt an den See Såganässjön.

● Linnés Råshult, Råshult 78, 343 71 Diö, www.linnesrashult.se

Auf Astrid Lindgrens Spuren

25 Die Stadt Vimmerby in Småland

Wer extra wegen eines Besuchs in der Astrid Lindgrens Värld oder auf Bullerbü nach Småland reist, sollte nicht vergessen, auch in Vimmerby selbst auf Entdeckungsreise zu gehen. Denn die kleine Stadt ist der Geburtsort der großen Kinderbuchautorin. Am besten startet man gleich auf dem Marktplatz seine Tour. Dort steht bereits eine Statue der Künstlerin Marie-Louise Ekman, die Astrid Lindgren an ihrer Schreibmaschine sitzend zeigt. Auf einem freien Stuhl darf man sich zu ihr setzen. Die Statue wurde 2007 eingeweiht, in dem Jahr wäre Astrid Lindgren 100 Jahre alt geworden. Auf dem Marktplatz gibt es neben ihrem Denkmal einen kleinen Spielplatz. Und an der Touristeninformation am Platz kann man sich Pläne holen, auf denen der Weg auf Lindgrens Spuren nachgezeichnet ist.

TIPP

Wie einst Astrid Lindgren im alten Stadthotel zu Mittag essen.

Hinter dem Denkmal muss man nur geradeaus die Storgatan entlanggehen und links in die kleinen Gassen einbiegen. Da sind Stångågatan, Båtsmansgränd oder Båtsmansbacken. Lauter Kopfsteinpflasterstraßen mit winzigen roten Häuschen. Genau in diesen Gassen spielt die Geschichte von Kalle Blomquist. Zuletzt als Drehort genutzt, aber viele Jahre zuvor als Ort der Inspiration für Astrid Lindgren, die durch die Sträßchen schlenderte und sich ihre Geschichten erdachte. In diesem entzückenden alten Viertel liegt noch ein anderer Filmschauplatz: In der Klemens Gränd wurde die Szene aus dem Michel-Film gedreht, in dem Michel das Haus des Doktors verlässt, nachdem er ihm die Suppenschüssel auf den Schreibtisch gehauen hat. Ebenfalls fußläufig geht es durch die Stadt zum Friedhof, auf dem Astrid Lindgren begraben wurde. Ihr Grab liegt eher schlicht und still auf dem hinteren Teil des Geländes. Auf dem Weg dorthin kommt man noch an einem anderen Grab mit einem schwarzen Eisenkreuz vorbei. Dort sind die Brüder Phalén begraben. Die Kinder starben Mitte des 19. Jahrhunderts, nachdem sie an der Ruhr erkrankt waren. Das Grab hat die Schriftstellerin zu ihrem Buch „Die Brüder Löwenherz“ inspiriert.

● 598 37 Vimmerby, Tourist-Information Rådhuset 1, www.vimmerby.com/de

Das schwedische Stonehenge

26 Die Schiffssetzung Ales Stenar in Kåseberga

Geheimnisvoll und mit beeindruckender Weitsicht auf das Meer: Ales Stenar ist die größte erhaltene Schiffssetzung in Schweden und eine der beliebtesten Sehenswürdigkeiten in Schonen. Mehr als 1400 Jahre soll sie alt sein. Ganz in der Nähe des hübschen Fischerdörfchens Kåseberga in der Region Ystad liegt sie auf dem über 30 Meter hohen Hügel Kåsehuvud. Sie besteht aus insgesamt 59 senkrecht in Form eines Schiffsrumpfes aufgestellten Steinen, die auf einer Länge von 67 Metern und einer Breite von 19 Metern in die Höhe ragen, wobei die beiden Steine, die Bug und Heck darstellen, rund 3 Meter hoch sind und damit etwa die doppelte Höhe der restlichen Steine haben. Jeder Stein ist zwischen 500 und 1800 Kilogramm schwer.

Archäologen schätzen die Entstehung der Anlage auf die Zeit um 600 n. Chr., also auf die frühe Eisenzeit. Zwar geht man davon aus, dass es sich bei Ales Stenar um eine Grabstätte handelt, jedoch gibt es immer wieder auch die These, dass die Schiffssetzung ein archaischer Sonnenkalender ist – und somit eine Art schwedisches Stonehenge, also eine Anlage wie das Bauwerk nahe des englischen Amesbury. Es könnte aber auch ein Versammlungsplatz gewesen sein. Oder womöglich ein Denkmal für einen berühmten Krieger. So genau weiß das nämlich niemand, was Ales Stenar so wunderbar geheimnisvoll macht. Vielleicht reicht es ja aber auch, dass dieser Ort einfach sehr schön ist, mit begeisterten Menschen, die jedes Jahr zur Hauptsaison vom riesigen Parkplatz aus hochwandern, zwischen den mächtigen Steinen Picknick machen, die Aussicht genießen oder einfach ein bisschen auf den Steinen herumkrabbeln und balancieren. Durch die Lüfte gleiten Paraglider. Und die vielen Kühe, die rund um Ales Stenar auf den Hügeln grasen, bleiben übrigens auch beim größten Trubel ganz entspannt – und genießen träge muhend ihre tägliche Aussicht aufs Meer.

TIPP

Im kleinen Hafen von Kåseberga sitzen und fangfrischen Fisch genießen.

● Ales Stenar, Kåseberga, 271 78 Löderup, www.kaseberga.se

Grünes Grinda

27 Wandern im Schärengarten

Wenn man in den Schärengarten von Stockholm hinausfährt, sind da nicht nur die eleganten Häuser und gediegenen Insel-Anwesen. Da sind auch Inseln, auf denen man eher bescheiden übernachtet. Im Zelt in der Natur, in Hostels oder in kleinen Hütten. Dafür hat man außergewöhnliche Ausblicke, dichte Wälder, schroffe Felsen und atemberaubende Natur. Grinda ist eher so eine Insel, so eine urige, grüne Schönheit. Wenige Menschen, viele Schafe und einige Pferde leben dort. Wer klettern und kraxeln möchte, ist genau richtig. Es gibt Wege mit Hinweistafeln, auf denen seltene Farne oder Pilzarten erklärt sind. Es gibt einsame Wege die Felsen hinauf. Und es gibt Wege, die am Wasser entlang oder durch dichte Wälder führen. Geschäfte, Cafés oder Hotels sind dagegen rar gesät.

TIPP
Die Insel wird von Stockholm und Vaxholm angefahren (www.waxholmsbolaget.se).

Grinda gehört zur Gemeinde Värmdö und wurde bereits im 16. Jahrhundert besiedelt, zumeist von Bauern. Anfang des 18. Jahrhunderts dann kam die Insel in Privatbesitz, gehörte zeitweise sogar dem Königshaus, konnte aber Anfang des 19. Jahrhunderts von den auf Grinda lebenden Bauern wieder zurückgekauft werden. 1906 erwarb Henrik Santesson, der erste Direktor der Nobelstiftung, die Insel und ließ sich dort einen Sommersitz für sich und seine Familie erbauen: eine gelbe Jugendstilvilla, elegant am Hang gelegen, die es bis heute gibt. Inzwischen ist sie das Grinda Wärdshus, ein Restaurant und Hotel. Nachdem Grinda 1944 von der Stadt Stockholm gekauft wurde, ging die Insel 1998 an die Schärenhof-Stiftung, die Skärgårdsstiftelse, die sich unter anderem um Natur- und Gebäudeschutz auf den Schäreninseln kümmert. Ein Tag auf Grinda reicht zwar, um sich einen guten Überblick über die Insel zu verschaffen, sie zu erwandern und zu entdecken, doch wer richtig in der Natur zur Ruhe kommen möchte, dem sei es geraten, gleich eine der Holzhütten zu buchen und einfach die Stille auf sich wirken zu lassen.

● Insel Grinda, www.grinda.se

Gänsehaut in Göteborg

28

Der Vergnügungspark Liseberg

Da fährt man durch Göteborg und plötzlich ragen fast neben der Stadtautobahn so riesige und rasante Fahrgeschäfte auf, dass man am liebsten sofort das Auto abstellen und sich ins Getümmel stürzen möchte. Es ist Skandinaviens größter Vergnügungspark Liseberg, den man da sieht. Mit mehr als 40 Attraktionen und Fahrgeschäften, von denen einige rasanter kaum sein könnten, darunter AtmosFear, Europas längster freier Fall, bei dem man in 3 Sekunden bei einem Tempo von 110 km/h 116 Meter in die Tiefe rast. Gänsehaut und Magengrummeln inklusive. Genau wie bei Valkyria, mit 750 Metern Europas längstem Dive Coaster, also eine Achterbahn mit fast vertikaler Abfahrt. In dem Fall ein 50 Meter langer vertikaler Sturz in den Abgrund bei einer Geschwindigkeit von 105 km/h und einer Höhe von 47 Metern. Und dann ist da noch Loke, ebenfalls mehr als 40 Meter hoch und mit gigantischem Blick über Göteborg. Mit dem zum 100-jährigen Jubiläum eröffneten Bereich Luns Park kommen weitere rasante Ideen dazu. Außerdem gibt es natürlich überall im Park die Klassiker wie fliegende Teetassen, gleich mehrere Achterbahnen, Blumenkarussell und Riesenrad.

TIPP

Mitten im Liseberg-Park kann man im Hotel oder in hübschen Cottages übernachten.

Neben Fahrgeschäften für jedes Alter hat der 1932 eröffnete und rund 20 Hektar große Park aber auch Show- und Konzert-Bühnen, Tanzpavillon, ein buntes Show- und Unterhaltungsprogramm und für die ganz kleinen Gäste das Kaninchenland, in dem die puschelige Bande von Kanne, Kanina, Lisen and Berg schon mit Spielideen, Events und ganz viel Spaß wartet. In der Weihnachtszeit verwandelt sich der Liseberg übrigens bereits ab Mitte November in einen riesigen Weihnachtsmarkt, in dem man im Scheine einer aus fünf Millionen Lichtern bestehenden Weihnachtsbeleuchtung den Weihnachtsmann treffen, Eislaufen, im Restaurant das typisch schwedische Julbord kosten und echte schwedische Weihnachtsstimmung erschnappen kann.

- Liseberg, Örgrytevägen 5, 402 22 Göteborg, www.liseberg.com
- ÖPNV: Diverse Busse und Bahnen, Haltestellen Liseberg, Korsvägen, Lisebergs Station (nördlicher Eingang) und Liseberg Södra (südlicher Eingang)

universeum

Auf zur Priesterwanne

29

Das Fischerdorf Vik in Österlen

Zwar liegt Vik gleich neben Kivik, gehört zum Städtchen Simrishamn und hat Hänge voller Äpfel, einen weiten Blick aufs Meer und einen schönen Hafen zu bieten. Doch dieses Örtchen ist noch so weit weg vom Tourismus, von Urlaubern und Hotelzimmern, dass man sich ein bisschen wie in einer Filmkulisse fühlt. So ursprünglich und aus der Zeit gefallen wirkt dieser Ort, wenn man den steilen Vikarevägen von der Hauptstraße zum Meer hinunterläuft und durch kleine, schmale Nebensträßchen und Gässchen bummelt, die Bauerngartenblumen vor windschiefen alten Häusern sieht und langsam in Richtung Hafen kommt. Kaum ein Tourist in den Gassen, kaum ein Fremder unterwegs. Nur diese Ruhe zwischen den Häusern. Und dann der Hafen, der an lauen Sommerabenden zum Treffpunkt der Dorfbewohner wird. Dann kommen nämlich die Menschen aus dem Ort dort an den Holzstegen zusammen, um noch ein paar Züge im Meer zu schwimmen.

Strände gibt es natürlich auch an beiden Seiten. Und geht man am Meer entlang in Richtung Baskemölla, kommt man zuerst zu Prästens Badkar, zu deutsch: Priesterwanne. Eine weltweit einzigartige vulkanische Sandformation, die vor etwa 500 Millionen Jahren entstand, als während eines Erdbebens eine artesische Quelle Wasser auf den Meeresboden drückte. Bevor der Sand vollständig zu Gestein aushärtete, brach das Vulkankesselbecken in sich zusammen und schuf dabei bis heute sichtbare Krater. Zwar gibt es zahlreiche ähnliche solcher Sandvulkane, aber nur dieser liegt sichtbar außerhalb des Meeres. Geht man dann von Prästens Badkar noch etwas weiter, liegt da noch der Badestrand von Vik. Auch eher ruhig, nicht überlaufen. Bei so viel Stille und Idylle überrascht es nicht, dass die Gegend um Vik – übrigens wie ganz Österlen – ein beliebter Ort der Künstler ist, die ihre Werke dort in kleinen Galerien präsentieren.

TIPP

Mitten in Viks Apfelplantage übernachten kann man bei Familie Carlsson (www.carlssonsvik.se).

● Hafen von Vik, Bloms gata 8, 272 95 Simrishamn

Kunst vor Traumkulisse

30

Die Bucht Tylösand bei Halmstad

Die Bucht von Tylösand, rund 10 Kilometer westlich von Halmstad, ist atemberaubend: hohe Wellen, Weite und ein mondänes Umfeld. Das Strandleben in der Bucht ist legendär und an manchen Orten nicht ganz günstig. Bezahlbar und mit riesigen Himmelbetten, in denen man draußen liegen und einen Cocktail trinkend aufs Meer blicken kann, ist der Zigges Beach Club im Tjuvahålsvägen 42. Sehr gute Crêpes gibt es im Hygge im Tjuvahålsvägen 28. Und im Tjuvahålsvägen 11 kann man gute Burger essen. Und das riesige, sich in die Dünen schmiegende Hotel Tylösand ist für Beachpartys und fantastische Konzerte bekannt, denn die Luxusherberge gehört unter anderem Per Gessle, einem der bekanntesten Pop-Komponisten der Welt und einst Teil des Duos Roxette. Räume und Gänge des leider nicht sehr kinderfreundlichen Hotels sind voller Kunst, denn mit „Tres Hombres Art" beherbergt es die nach eigenen Angaben größte Kunstgalerie Schwedens. Auf einer Fläche von 23.000 Quadratmetern sind einige der berühmtesten Fotografen der Welt vertreten, darunter Terry O'Neill, Anton Corbijn, Mary McCartney, Albert Watson und Mick Rock. Neben Fotografien sind auch Gemälde, Skulpturen und Grafiken von zeitgenössischen skandinavischen und internationalen Künstlern ausgestellt. Die Ausstellungen wechseln ständig, aber zumeist sind insgesamt rund 400 Kunstwerke zu sehen, von denen die meisten käuflich sind.

TIPP

Unbedingt einen Abstecher ins Naturschutzgebiet Möllgård machen und bei Riccardo Eis essen (www.riccardo.se).

Gegründet wurde „Tres Hombres Art" Ende der 1980er-Jahre, als Per Gessle und seine Frau eine Skulptur für ihren Garten kaufen wollten. Leider ging der Kunsthändler vor Geschäftsabschluss in Konkurs, die Kunstwerke landeten beim Insolvenzverwalter. Und Gessle? Kaufte gleich die gesamte Kunstsammlung mit insgesamt 1300 Werken. Um die Werke zu bewundern, muss man übrigens nicht Hotelgast sein, die Galerie ist mit Ausnahme einiger weniger Zimmer rund um die Uhr geöffnet.

● Hotel Tylösand, Tylöhusvägen 28, 302 73 Halmstad, www.tylosand.se

ZIGGES
GLASHUSET 405 KM
TEQUILA 9568 KM
HAWAIISKJORTA 9,34
MYKONOS 2329 km

Abenteuer und Kletterspaß

31 Die Skurugata-Schlucht bei Eksjö

Es gibt einige Schluchten in Småland, aber keine ist wie die Skurugata: Insgesamt 800 Meter lang, zwischen 7 und 24 Meter breit und mit bis zu 35 Meter hohen Wänden ist sie in der Region die größte aller Schluchten und beeindruckt mit ihren steil aufragenden Felsen. Rund 15 Kilometer nordöstlich der schönen Holzstadt Eksjö liegt sie und ist mit festem Schuhwerk, Trittsicherheit und etwas Kondition einigermaßen problemlos zu erkraxeln, wobei es aber im wahrsten Sinne über Stock und Stein geht und zuweilen recht schroff, rutschig und abenteuerlich ist. Aber eben auch: magisch, geheimnisvoll und außergewöhnlich. Vom Aussichtspunkt Skuruhatt, dem mit 337 Metern dritthöchsten Berg in Småland, hat man einen weiten Blick über Wälder, kleine Dörfer und Seen.

TIPP
Am Aussichtspunkt gibt es Sitzgelegenheiten und Grillplätze.

Der Gipfel ist vom Parkplatz aus noch problemlos über einen rund 600 Meter langen, geschotterten Weg zu erreichen. Von dort aus allerdings geht es dann ins südliche Ende der Schlucht hinein und das Kletter-Abenteuer beginnt. Vor allem aber auch ein sinnliches Erlebnis, denn während die Wände der Schlucht immer höher werden, wird es im Inneren immer kälter, sodass der Temperaturunterschied an heißen Sommertagen schon mal um die 20 Grad betragen kann und man sogar noch Schneereste vom Winter in der Schlucht findet. Durch das recht extreme Klima entsteht eine außergewöhnliche Flora mit seltenen Moosen und Farnen, die man sonst eher in Gebirgen im Norden Schwedens findet. Ganz unten in der Skurugata liegt eine sehr reine Quelle, die Skurukälla. Zum nördlichen Ende der Schlucht wird es dann noch steiler. Rund 2 Kilometer führt der Weg durch die Schlucht. Die gesamte Gegend ist Teil eines insgesamt 42 Hektar großen Naturschutzgebiets, daher greift das Jedermannsrecht nicht. Will heißen: So schön es rund um die Schlucht auch ist, sein Zelt aufstellen darf man dort leider nicht.

● Naturreservat Skurugata, 575 91 Eksjö, www.skurugata.se/de

Tor nach Skandinavien

32 Die Öresundbrücke

Seitdem eine äußerst erfolgreiche Streamingdienst-Serie mit Sofia Helin nach ihr benannt ist, hat die Öresundbrücke einen noch größeren Freundeskreis als nur die Menschen, für die die Überfahrt von Dänemark nach Schweden und der Blick über das Meer auf die Skyline von Malmö der Beginn eines wunderbaren Schwedenurlaubs bedeutet. In „Die Brücke – Transit in den Tod" geht es zwar nicht ganz so idyllisch zu, aber die Brücke steht in allen Folgen so oder so im Mittelpunkt. Sie ist aber auch imposant, diese 7845 Meter lange und 23,5 Meter breite Brücke, die weltweit als die längste Schrägseilbrücke für kombinierten Straßen- und Eisenbahnverkehr gilt. Zusammen mit dem insgesamt 4050 Meter langen fünfröhrigen Drogdentunnel und der während der Errichtung der Brücke künstlich geschaffenen Insel Peberholm, die Brücke und Tunnel miteinander verbindet, bildet sie den Übergang über den Öresund. Der Meerenge also, die das dänische Seeland mit dem schwedischen Schonen und die Ostsee mit dem Kattegat verbindet.

TIPP
Die Brücke ist mautpflichtig (www.oresundsbron.com/de/start).

Gebaut wurde die Öresundbrücke zwischen 1995 und 2000 für rund eine Milliarde Euro Baukosten. Jeden Tag passieren rund 17.000 Fahrzeuge und circa 200 Eisenbahnzüge die Brücke. Zwei insgesamt 204 Meter hohe Pylonen aus Stahlbeton dienen der Aufhängung der 490 Meter langen Hochbrücke, unter der übrigens Schiffe kreuzen. Die Brücke hat eine Durchfahrtshöhe von 55 Metern. Ein Gigant – und wunderschön anzusehen, ganz egal aus welcher Perspektive. Einen besonders eindrucksvollen Blick auf die Öresundbrücke hat man übrigens von Malmös Stadtteil Limhamn aus, wo man sitzen und die wie in der Luft schwebende Brücke mit ihren riesigen Pfeilern beobachten kann. Der Blick von der Mitte der Brücke auf die Pfeiler und das Meer ist ebenso beeindruckend, vorausgesetzt man schaut in Richtung Schweden, weil dann schließlich der Urlaub gerade erst beginnt.

● Öresundbrücke, Malmö

Einfach mal übernachten

33 Das Jedermannsrecht in Schweden

Mal ein Beispiel: Fährt man über die Autobahn E18 vom Vätternsee aus, am Vänernsee vorbei und dann in Richtung Norwegen, kommen immer wieder Schilder, die Seen anzeigen. Rund um Årjäng zum Beispiel, am See Järnsjön. Viele der Gewässer sieht man auch von der Autobahn aus. Fährt man aber einfach mal ab, dann ist man in wenigen Minuten an Orten, die keine nahe Autobahn vermuten lassen. Kleine Seen, im Süden beeindruckende einsame Strände, dann natürlich Wälder, die wie verwunschen wirken. Es gibt überall in Schweden Orte, an denen man einfach sein Zelt aufbauen und bleiben darf. Von den zahlreichen kostenlosen Stellplätzen für Wohnwagen und Wohnmobile mal ganz abgesehen. Jedermannsrecht nennt man diese Freiheit, die dennoch einige Regeln hat.
Zelten in der schwedischen Wildnis: Das Jedermannsrecht gestattet, in Schweden wild zu campen, solange man den Grundbesitzer nicht stört und die Natur nicht beschädigt. Bis zu zwei Nächte darf man am gleichen Ort stehen. Der Standort sollte sich nicht in der Nähe von Häusern, Ackerland oder Weideland befinden. Zeltet man als größere Gruppe, sollte man sich zuvor die Erlaubnis des Grundbesitzers einholen. Bei Sportplätzen, in Nationalparks und in Naturschutzgebieten ist Zelten normalerweise nicht erlaubt, Infotafeln informieren über mögliche Ausnahmen. Das Jedermannsrecht gilt nicht für motorisierte Fahrzeuge wie Wohnmobile, doch für die gibt es zahlreiche gute Stellplätze. Das Jedermannsrecht gilt übrigens auch im Wasser, man kann also fast überall schwimmen und segeln. Einfach ein Boot ausleihen und auf dem Wasser übernachten, wobei man auch da ein paar Regeln beachten muss: Stege darf man nutzen, um das Boot festzumachen oder von dort aus ins Wasser zu gehen, sofern der Steg nicht zu einem Privatgrundstück gehört. Bootfahren und Schwimmen in Vogelschutzgebieten und Naturschutzgebieten ist meistens verboten. Außerdem sind Jetskis nur in öffentlichen Kanälen und ausgewiesenen Bereichen gestattet.

● Jedermannsrecht, zum Beispiel am Jarnsjön bei Årjäng
www.dalslandnordmarken.se/de/lagerplatze/

Kunst im Kraftwerk

34

Das Moderna Museet in Malmö

Es ist ein Ableger, sozusagen die kleine Schwester des weltbekannten und Ende der 1950er-Jahren eröffneten Moderna Museet in Stockholm. Und genau wie das berühmte Haupthaus in Schwedens Hauptstadt zeigt auch das sehr zentral mitten in Malmö gelegene Moderna Museet neben einer Dauerausstellung sowohl die Arbeiten bekannter Gegenwartskünstler als auch klassische Werke aus den letzten hundert Jahren, darunter schwedische und internationale Künstlerinnen und Künstler wie Andy Warhol, Karin Mamma Andersson, Lars Englund, Marcel Duchamp oder Lotte Laserstein.

Allerdings gibt es einen großen Unterschied zwischen den beiden Häusern: Das im Dezember 2009 eröffnete Museum in Malmö ist beinahe selbst schon ein Kunstwerk, und zwar eines, das Vergangenheit und Zukunft miteinander verbindet. Es ist nämlich in einem 1901 erbauten und vom schwedischen Architekten John Smedberg (1851–1913) geplanten ehemaligen Elektrizitätswerk untergebracht, das im historistischen Stil und äußerst verschnörkelt daherkommt und aus dickem roten Backstein gebaut ist. Wie eine Antwort aus der Zukunft wurde dem Gebäude später dann ein weiterer Teil angebaut – und das riesig, ein wenig erschlagend und vor allem: mit einem in leuchtendem Orange lackierten Stahlblech. Entworfen hat den nicht zu übersehenden Kubus das in Stockholm sitzende Architekturbüro Tham & Videgård. Das Orange zieht sich auch im Inneren noch ein bisschen durch, bis man dann in der für die Präsentation von Kunst wie geschaffene und zum Ausstellungsraum umgebaute ehemalige Turbinenhalle kommt, die sich über eine Gesamtfläche von rund 800 Quadratmetern erstreckt. Dort endet das Orange und man sieht nur noch eines: Kunst. Und auf die macht bereits die spannende Außenansicht des Museums große Lust.

TIPP

Der Eintritt ist kostenlos.

- Moderna Museet, Ola Billgrens plats 2–4, 211 29 Malmö www.modernamuseet.se/malmo
- ÖPNV: Malmö Hbf. (10 Minuten Fußweg); diverse Busse, Haltestellen Gustav Adolfs Torg, Studentgatan oder Länsstyrelsen

Die rote Stadt aus Holz

35

Eksjö in Småland

In Schweden gibt es fünf gut erhaltene Holzstädte: Nora in der Provinz Örebro, Hjo am Vätternsee, Falun in der mittelschwedischen Provinz Dalarnas, die Hafenstadt Öregrund nördlich von Stockholm – und Eksjö! Das kleine Städtchen liegt inmitten der Wälder von Småland, genau zwischen Vimmerby im Osten und Jönköping und dem Vätternsee im Westen. Und ganz egal, ob als geführter, über die Tourismuszentrale gebuchter Stadtrundgang oder als Entdeckungstour auf eigene Faust, ein Bummel über die Kopfsteinpflasterstraßen von Eksjö ist ein Muss für alle, die sich für alte Städte und ihre Architektur interessieren. Denn Eksjö steht fast komplett unter Denkmalschutz und hat mehr als 50 alte Gebäude aus Holz, die inzwischen als Kulturdenkmal ausgezeichnet sind. Im Jahr 1997 bekam die Stadt dafür sogar das Europa Nostra Diplom für „den guten Erhalt der Bausubstanz und Denkmalschutz".

Lässt man sich treiben und läuft durch die vielen kleinen Straßen und Gassen, kann man immer wieder historische Häuser, kleine Brücken über den Fluss Eksjöån, gemütliche und mit Blumen berankte Hinterhöfe und alte Villen entdecken. Einer der Höhepunkte in der Altstadt ist das alte Bürgerhaus Aschanska gården der Gerberfamilie Aschan, die in den 1830er-Jahren auf den Hof kam und über drei Generationen lang dort lebte und arbeitete. Als die Jüngste der fünf Geschwister der dritten Generation, Hedda, im Jahr 1984 im Alter von 101 Jahren starb, gab es keine Erben und der Aschan-Hof wurde von einer Stiftung übernommen. So blieb das Haus in der Norra Storgatan 18 bis heute in einem tadellosen Zustand. Macht man einen Rundgang durch das Haus, fühlt es sich an, als würde die Familie dort noch leben. Was sich außerdem lohnt? Ein Besuch im Stadtmuseum von Eksjö in der Österlånggatan 31 und in der gemütlichen Konditorei in der Norra Storgatan 24 a im Hinterhof.

TIPP

In der Altstadt übernachten, zum Beispiel im Eksjö Stadshotell (www.eksjostadshotell.se).

● 575 31 Eksjö, Tourist-Information Österlånggatan 31, www.visiteksjo.se

Ort mit Geschichte(n)

36

Schloss Gripsholm am Mälarsee

Im Städtchen Mariefred liegt das trutzige, burgähnliche Schloss Gripsholm gleich am Ufer des Mälarsees, dem nach Vänern und Vättern mit 1090 Quadratkilometern drittgrößten See Schwedens. Gut 70 Kilometer westlich von Stockholm erinnert hier nichts an die bunte und quirlige Hauptstadt. Der Ort lässt viel mehr alte Geschichte lebendig werden. Und: Geschichten! Eine davon ist die aus dem Jahr 1931 stammende Erzählung „Schloss Gripsholm. Eine Sommergeschichte“ von Kurt Tucholsky (1890–1935), der seinen Wohnsitz 1929 ganz nach Schweden verlegt hatte. Später wurde der Stoff zuerst in den 1960er-Jahren mit Walter Giller und Nadja Tiller und im Jahr 2000 mit Ulrich Noethen und Heike Makatsch in den Hauptrollen verfilmt.
Schaut man auf die reale Geschichte des Schlosses, so reicht diese bis ins 16. Jahrhundert, als es 1537 auf Initiative Gustav Wasas an der Stelle einer ehemaligen Burg aus dem Jahr 1380 erbaut wurde. Schloss Gripsholm ist eines von insgesamt neun offiziellen schwedischen Königsschlössern, die alle zumindest teilweise zu besichtigen sind, und beherbergt neben einer beeindruckenden Sammlung von Möbeln und Kunstwerken auch die berühmte Porträtsammlung des schwedischen Staates mit Porträts bedeutender Personen aus Gustav Wasas Tagen bis zu unserer heutigen Zeit. Außerdem kann man in Schloß Gripsholm gut erhaltene Gemächer aus der Zeit der Wasakönige und eines der am besten erhaltenen Theater Europas aus dem 18. Jahrhundert besichtigen. Letzteres hatte der „Theaterkönig“ Gustav III. in einem der runden Renaissancetürme des Schlosses einrichten lassen. Sehenswert sind außerdem Schlossgelände und der schöne Hirschpark im nahen Naturschutzgebiet Hjorthagen. Das ebenfalls nicht weit entfernte Gripsholms Värdshus in der Kyrkogatan 1 soll Schwedens ältestes Wirtshaus sein – heute ein elegantes Restaurant und Hotel sowie Drehort romantischer Szenen aus Inga-Lindström-Filmen.

TIPP

Unbedingt Tucholskys „Schloss Gripsholm“ am Originalschauplatz lesen.

● Schloss Gripsholm, 647 30 Mariefred, Tourist-Information Kyrkogatan 13
www.strangnas.se/turism

Kultmöbel und Köttbullar

37 Das IKEA-Museum in Älmhult

Kallax, Billy, Hemnes … Die Möbel und Wohnideen aus dem großen schwedischen Möbelhaus sind bei uns ebenso Kult wie der Hotdog am Ausgang der Filialen. Wie das alles begann, erfährt man in der Stadt Älmhult: Im Sommer 2016 öffnete das IKEA-Museum nämlich in demselben Gebäude seine Pforten, in dem 1958 das erste IKEA-Einrichtungshaus der Welt eröffnet wurde. Dafür wurden große Teile der Außenansicht des Gebäudes nach den Plänen des einstigen Architekten Claes Knutson wiederhergestellt, sodass der modernistische Baustil in Älmhult wieder Einzug hielt.

Innen allerdings passieren jetzt ganz andere Dinge als früher im Möbelhaus, denn da geht es um Design und Geschichte. Das Museum erzählt nämlich die Geschichte des nicht ganz unumstrittenen Unternehmers Ingvar Kamprad (1926–2018), der durch IKEA zu einem der reichsten Menschen der Welt wurde und ein insgesamt 25 Länder umfassendes Imperium aufgebaut hat. Bereits als 17-Jähriger hatte er IKEA als Versandhandel gegründet, 1947 auch Möbel in sein Sortiment aufgenommen, 1958 dann in Älmhult sein erstes Möbelhaus eröffnet und sein Unternehmen 1963 zuerst in Skandinavien (Norwegen) und 1973 europaweit (Schweiz) mehr und mehr ausgeweitet. Die Ausstellung ist eine spannende Mischung aus Geschichte und Design, bei der man sich immer wieder an die eigenen Möbel und vergangene oder ewig junge Wohntrends erinnert und unter anderem durch Werbung und Kataloge der vergangenen Jahrzehnte stöbern darf. Dabei kann man in vier thematisch gegliederten Abschnitten richtig eintauschen in die Geschichte – des Unternehmens und des Landes: „Unsere Wurzeln", „Demokratisches Design", „IKEA im Wandel der Zeit" und „Die vielen Seiten von Ingvar Kamprad" heißen die Etappen. Dazu kommen immer wieder neue temporäre Ausstellungen, ein Archiv und natürlich das echte IKEA-Feeling mit zarten Köttbullar in cremiger Sauce im hauseigenen Restaurant.

TIPP

Stilecht schlafen kann man nebenan im IKEA-Hotel (www.ikeahotell.se).

● IKEA-Museum, IKEAgatan 5, 343 36 Älmhult, www.ikeamuseum.com

FRAKTGODS
kolli
Från IKÉA - Agunnaryd
station
Till
Bestämmelsestation
(Enligt fraktsedeln)
FRAKTGODS
kolli
Från IKÉA - Agunnaryd
station
FRAKTGODS
kolli
Från IKÉA - Agunnaryd
station
Till
Bestämmelsestation
(Enligt fraktsedeln)
Bestämmelsestation
(Enligt fraktsedeln)
FRAKTGODS
kolli
Från IKÉA - Agunnaryd
station
Till
Bestämmelsestation
(Enligt fraktsedeln)
Postförskott kron
IKÉA
AGUNNARYD

Die Magie einer Nacht

38 Mittsommer feiern

Menschen mit Blumenkränzen im Haar, die an langen Tischen sitzen und feiern oder ausgelassen um einen bunt geschmückten Maibaum tanzen. Mittsommer ist das schwedischste aller Feste und wird überall im Land gefeiert. Also: Unbedingt mitfeiern, wenn man schon einmal da ist. Zwar ist Mittsommer eigentlich am Johannistag, also dem 24. Juni, er wird aber traditionell am Freitag und Samstag zwischen dem 20. und 26. Juni gefeiert – mal familiär im eigenen Garten oder beim Ausflug aufs Land, mal ganz groß auf einer der zahlreichen Partys, die überall angeboten werden. Dann helfen alle, den Maibaum zu schmücken und aufzustellen.

Einige der schönsten Orte in Südschweden zum Mittsommer-Feiern sind das traditionelle Mittsommerfest im Freilichtmuseum Skansen in Stockholm mit Marktständen, Kranzbinden, Musik und Volkstänzen, außerdem findet jedes Jahr auf der Rasenfläche vor der Björngårdsvilla im Slottsskogen in Göteborg ein großes Mittsommerfest für alle statt und auf Gotland gibt es in der Inselhauptstadt Visby eine Parade mit Livemusik und Maibaum-Aufstellen. Im Kulturreservat Åsens by in Småland wird ebenfalls groß und öffentlich gefeiert. Und auch in Skåne gibt es zahlreiche Feste, unter anderem mit studentischem Flair im Freilichtmuseum Kulturen, außerdem im Freilichtmuseum der Fredriksdaler Museen und Gärten in Helsingborg und in den Gärten der Schlösser Sofiero bei Helsingborg und Hovdala in Hässleholm. Nicht vergessen: Die Mittsommernacht ist bis heute voller Magie. Einer von vielen alten Bräuchen sind die Blumensträuße aus sieben verschiedenen Blumen, die unverheiratete Mädchen schweigend pflücken und sich in der Nacht unters Kopfkissen legen, damit sie im Traum ihrem künftigen Ehemann begegnen.

TIPP

Auf www.asliceofswedishhospitality.com kann man sich selbst auf private Mittsommerfeiern einladen.

● Mittsommer, zum Beispiel im Kulturreservat Åsens by, Haurida, 578 92 Aneby
www.asensby.se

Alte Badetradition

39 Das Ribersborgs Kaltbadehaus in Malmö

In wunderschöner Badehaus-Architektur zuerst ordentlich in der Sauna schwitzen und dann mutig ins eiskalte Meer eintauchen – und das natürlich zu jeder Jahreszeit, sogar im tiefsten Winter! In Schweden hat das bereits seit dem 19. Jahrhundert Tradition. Und in Südschweden stehen gleich zwei besonders majestätische dieser Badehäuser, die sich mit ihren langen Stegen ins Meer ziehen: das Badehaus in Varberg an der Westküste und das Ribersborgs Badehaus am Strandabschnitt Ribersborgsstranden in Malmö, von dem aus man auch gleich einen beeindruckenden Blick auf Malmös Wahrzeichen, die Türme des Turning Torso hat. Es steht auf Pfeilern im Meer und ist über einen rund 300 Meter langen Steg mit dem Ufer verbunden. 1898 wurde es eröffnet und mit den Jahrzehnten immer weiter ausgebaut und restauriert. Da nackt gebadet wird, ist das ganzjährig geöffnete Kaltbadehaus, das von seinen Gästen liebevoll „Kalli" genannt wird, in einen Damen- und einen Herrenbereich aufgeteilt, jeweils mit eigenem großen Außenpool. Allerdings haben beim „Queer Kallis" an festen Tagen im Monat LGBT-Personen – und alle anderen natürlich auch – die Möglichkeit, sich ganz ohne diese Einschränkungen im Badehaus zu bewegen, denn dann wird die Einteilung in Damen- und Herrenbereich aufgehoben.

TIPP
Den Besuch ruhig im Winter planen, um das Eintauchen ins kalte Wasser so richtig zu erleben.

Ein Besuch im Ribersborgs Kaltbadehaus ist purer Genuss: Es gibt holzbefeuerte Whirlpools, Massageräume und insgesamt fünf Saunen, zwei für Damen, zwei für Herren und ein gemischtes Dampfbad. Aus der deutschen Tradition sind heute auch Aufgüsse mit ätherischen Ölen übernommen worden. Man kann außerdem vorab unterschiedliche Massagen buchen und später dann, nach Schwitzen, Schwimmen und Entspannen, in das hauseigene Restaurant gehen und sich stilvoll und traditionell schwedisch verwöhnen lassen.

- Ribersborgs Kallbadhus, Limhamnsvägen, Brygga 1, 217 59 Malmö
www.ribersborgskallbadhus.se
- ÖPNV: Ab Malmö Hbf. Bus 7, Haltestelle Malmö Ribersborg (6 Minuten Fußweg)

Im Schärengarten

40 Touren ab Järnaviks Camping

Wenn man nach einer langen Autofahrt spät am Abend und noch dazu unangemeldet auf einem Campingplatz ankommt und gleich von drei freundlichen Menschen begrüßt wird, die einem gemeinsam die Schranke hochhalten, auf noch freie Stellplätze hinweisen und einen willkommen heißen, ist das ein gutes Gefühl. Und wenn man dann morgens die Augen aufmacht und diesen schönen, an den Berg gebauten Ort sieht, ist es noch besser. Zwischen den einzelnen Campingbereichen ragen dicke Felsen empor, was den Platz sehr überschaubar und gemütlich wirken lässt. Und direkt hinter der Rezeption mit kleinem Café vorne an der Schranke geht gleich ein Badebereich mit Strand und Holzstegen ins Meer hinein.

Besonders aber fallen auf dem Järnaviks Campingplatz die vielen hölzernen Wegweiser auf, die farblich gekennzeichnet sind und in unterschiedliche Richtungen weisen. Was der Grund dafür ist? Der Platz liegt äußerst zentral in der Küstenregion von Blekinge, ganz im Südosten von Schweden – und damit im südlichsten Schärengarten des Landes, der aus insgesamt 1650 Inseln besteht. Entdecken kann man die reizvolle Region sowohl mit dem Kajak, dem Fahrrad oder zu Fuß. Zur idealen Orientierung gibt es die App ARK56, die über eine interaktive Karte durch den 2011 von der UNESCO zum Biosphärenreservat erklärten Blekinge-Archipel führt – ein maritimes Wegenetz sowohl aus Wander- und Radwegen als auch aus Paddel- und Segelrouten. Zwischen einigen der Inselchen gibt es sogar lange Hängebrücken. Und die Wege hoch oben über die kleinen Felsen bieten einfach eine unglaublich schöne und abwechslungsreiche Sicht aufs Meer mit seiner Schärenlandschaft. Ab und an geht es aber auch über Wiesen, an weidenden Kühen vorbei oder durch kleine Wälder. Abwechslungsreich, gut ausgeschildert und die meisten davon rund um den Campingplatz gelegen.

TIPP

Kanus kann man gleich beim Campingplatz mieten.

● Järnaviks Camping, Bastuviksvägen 61, 372 63 Bräkne-Hoby,
Tel. +46 (7 08) 83 79 70, www.jarnavikscamping.se

BYASLINGA
BYASLINGA
BYASLINGA

Hochherrschaftlich speisen

41

Auf Schloss Svaneholm in Skurup

Lachstartar in Chili-Öl gerührt mit Jalapeño-Mayonnaise, geräucherte Avocado und Pommes frites, Buratta mit Weinbergtomaten, Marcona-Mandeln und Tomatenvinaigrette, Carpaccio vom Heilbutt mit Apfelvinaigrette, gesüßter Gurke, grünem Apfel und geräuchertem Eigelb … Die Vorspeisen im Schlossrestaurant von Schloss Svaneholm sind ein bisschen so wie die Gerichte in einer Tapas-Bar: Ab drei Portionen wird man davon satt, eine einzelne Portion hingegen ist perfekt vor großen Sachen wie einem gebackenen Kalbsentrecote mit Trüffelcreme und Rotweinsauce oder Risotto oder Pizza aus dem Steinofen. Riesig sind die Portionen nicht, außerdem nicht ganz günstig, aber es sind schließlich Ferien – und so köstlich kann man in Schweden nicht an jedem Ort schlemmen. Und dann noch dieses Ambiente! Der Innenhof des rund 40 Kilometer südöstlich von Malmö in der Provinz Schonen gelegenen Schlösschens ist wie ein Wohnzimmer aus warmer Sonne und alten Gemäuern. Und sollte die Sonne mal nicht scheinen, sind die Innenräume so elegant und hochherrschaftlich eingerichtet, dass man denkt, irgendwann zwischen Vorspeise und Dessert kommt der Schlossherr persönlich um die Ecke und setzt sich zu einem an den Tisch. Letzteres wird allerdings nicht passieren, denn Schloss Svaneholm ist schon seit 1935 nicht mehr in Privatbesitz, sondern gehört einem Heimatverein. Errichtet wurde das heute vierflügelige Schloss 1530 zunächst als Burg aus Ziegelsteinen, die dann über die Jahrhunderte zuerst im Stile der Renaissance und später des italienischen Barock aus- und umgebaut wurde. Nach dem ausgiebigen Essen tut übrigens ein Spaziergang durch den Schlosspark ganz gut, denn Svaneholm steht auf einer Landzunge im See Svaneholmssjön und wird nicht nur von einem hübschen Park, sondern gleich von drei Naturschutzgebieten umrahmt, die man auf Rundwanderwegen entdecken kann.

TIPP

Zum Nachtisch noch das Schlossmuseum besuchen.

● Schloss Svaneholm, Svaneholm 21, 274 91 Skurup, www.svaneholmsslott.se

Museet
är
öppet

Strandtag mit Südseeflair

42

Der Varamon am Vätternsee

Das Wasser ist so klar, dass man direkt bis auf den Boden schauen kann. Der Sand ist erstaunlich fein und schimmert golden. Ganz sanft führt er ins Wasser. Ein bisschen fühlt es sich so an, als wäre man irgendwo am Meer und stünde in einer breiten Bucht. Südseestimmung. Urlaubsfeeling. Tatsächlich aber ist dieser insgesamt 5 Kilometer lange sonnenverwöhnte Strand ein riesiger Binnenstrand – und zwar der größte Nordeuropas! Dabei liegt Varamon Beach eher versteckt in der Industriestadt Motala im Nordosten des Vätternsees, dem nach dem Vänernsee zweitgrößten See Schwedens, und ist vor allem deshalb so beliebt, weil die schützende Bucht das eher flache und wirklich saubere Wasser angenehm warm hält. Wer richtig schwimmen möchte, watet zuerst einmal durch sehr flaches Wasser, danach geht es dann langsam in den Schwimmbereich. Das macht den Varamon zu einem idealen Familienstrand. Außerdem gibt es nicht nur die Möglichkeit, entspannt in der Sonne zu liegen, Minigolf oder Beachvolleyball zu spielen, man kann auch Kajaks, Tretboote und SUP-Boards mieten, mit denen man den See und seine schönen Uferbereiche ganz in Ruhe entdecken kann. Außerdem lässt es sich hier – genau wie an einem großen Badestrand am Meer – wunderbar surfen und kiten.

TIPP

Im Sommer fahren ab Motala Hauptbahnhof täglich kostenlose Badebusse zum Strand.

Am Ende des Strandes gibt es einen langen Holzsteg, auf dem man sitzen und über das Wasser schauen kann, außerdem sind Fußgänger- und Rollstuhlrampen vorhanden. Und: Genau wie an einem langen Strand am Meer haben sich am Varamon zahlreiche Restaurants angesiedelt, direkt mit Seeblick, versteht sich. Rund um den Strandabschnitt gibt es außerdem einen riesigen Campingplatz, der jedoch schön in die Landschaft eingebettet ist. Ein Strand wie ein Superlativ – der größte eben – und dennoch familienfreundlich und trotz all seiner Quirligkeit entspannend und gemütlich.

● Varamobaden, 591 52 Motala, www.motalasjostad.se/plats/varamobaden

In Schwedens Golf-Mekka

43

Das Golfhotel Ringenäs

Zuerst in der Sauna schwitzen, dann ins eiskalte Tauchbecken eintauchen und hinterher in ein wunderbar warmes Bad steigen und den Blick auf den riesigen Golfplatz und den dahinter liegenden Strand genießen. So ungefähr sieht ein perfekter Abend aus, wenn man den Urlaub in Halmstad verbringt. Im Ringenäs Golf Hotell & Konferens wohnt man nämlich nicht nur mitten auf dem Golfplatz Ringenäs, man hat auch eine unschlagbare Sicht auf den Kattegat. Zumindest dann, wenn man nicht Golf spielt und sich den ganzen Tag lang auf dem riesigen Golfplatz tummelt. Das Ringenäs-Hotel mit seinem kleinen, feinen Wellnessbereich liegt nämlich auch für Nicht-Golfer perfekt. Die großen Zimmer schmiegen sich mitten auf dem Platz an den Hang, sodass man von überall aus die weite Sicht aufs Meer genießen kann.

TIPP

Im Hotel kann man kostenlos Fahrräder und Strandliegen leihen.

Der nächste Strandabschnitt ist zu Fuß nur gut 10 Minuten entfernt und längst nicht so voll wie einige Kilometer weiter der trubelige Strand von Tylösand. Ins Wasser hinein geht es sehr seicht und sanft, auch wenn die Wellen schon mal recht hoch sein können. Gleich unterhalb des Hotels geht der beliebte Radweg Kattegattleden entlang. Und wer mag, ist rasch im Zentrum von Halmstad oder im Naturschutzgebiet Haverdal. Und, wer weiß: Vielleicht macht ja der Blick vom Balkon auf den riesigen Golfplatz Lust darauf, mit dem Golfspielen zu beginnen. Die Schweden machen es schon lange vor, denn Golf ist dort mit fast 500.000 Mitgliedern in rund 460 Clubs ein richtiger Breitensport – und das bei einem Land mit insgesamt nur 10 Millionen Einwohnern. Es gibt zahlreiche alte Traditionsclubs und eine Golf-Begeisterung, die weit davon entfernt ist, elitär zu sein. Gerade die Region rund um Halmstad ist mit ihren riesigen Golfplätzen entlang der Küste ein seit Jahrzehnten angesagtes Mekka des Golfsports.

● Ringenäs Golf Hotell & Konferens, Strandlida 469, 305 91 Halmstad, www.rigk.se

Pures Pizzaglück

44

Das Bryggan auf Falsterbo

Eigentlich weiß man gar nicht, wohin man zuerst schauen soll: auf die gigantische Silhouette der Öresundbrücke, die sich über dem Meer abzeichnet, oder weiter links auf die Sonne, die am Abend wie ein goldener Ball spektakulär ins Meer fällt. Ein Sonnenuntergang der Superlative ist das, der an so manchem Abend den Gästen des Restaurants Bryggan den Atem stocken lässt. Vorausgesetzt, sie kauen nicht gerade. Oder versuchen, mit der großen, zur Pizza gleich mitgelieferten Schere das Essen gerecht zu teilen. So ist es nämlich in dem am Hafen von Skanör gleich am Wasser liegenden Restaurant: Ganz unter dem Motto „Sharing is caring" werden die wunderbaren viereckigen Pizzen gleich so riesig auf Holzplatten geliefert, dass man selbst die kleineren der beiden zur Auswahl stehenden Portionen besser teilen sollte. Die werden dann gleich auf die Mitte der Tische gestellt, damit man von allen Seiten herankommen und jeder nach Herzenslust naschen kann. Ein richtiges Esserlebnis. Das gilt übrigens auch für die Salate. Die Pizzen jedenfalls tragen so klangvolle Namen wie Vegetarisk Extravaganz oder Tartufo Bianco und sind außergewöhnlich kreiert, zum Beispiel mit Trüffelcreme, Artischocken, Chips, Rucola und kleinen Nüssen in Kombination. Dazu gibt es kühlen Weißwein und diesen einzigartigen Blick. Bestellen und Bezahlen funktioniert über eine App.

TIPP

Jedes Jahr im Sommer findet in Falsterbo das renommierte Reitturnier Falsterbo Horse Show statt.

Das Restaurant liegt gleich neben dem Kaltbadehaus mitten im Hafen des Städchens Skanör auf der gut 25 Kilometer südlich von Malmö liegenden Halbinsel Falsterbo, die die Grenze zwischen Ostsee und Öresund markiert. Rund herum sind rote Holzhäuser mit Cafés, Restaurants oder Fischverkauf. Und: Gleich neben dem Bryggan beginnen lange hölzerne Badestege, auf denen man sich herrlich sonnen kann oder eben gleich ins Wasser springt. Für ein erfrischendes Bad im goldenen Licht der Abendsonne.

● Bryggan, Hamnvägen 4, 239 30 Skanör

Nachts im Hafen

45

Die Af Chapman in Stockholm

Außergewöhnliche Übernachtungsorte liegen im Trend. Das gilt auch für die Häfen von Großstädten, in denen immer mehr alte Schiffe zu teils kultigen, teils richtig luxuriösen Hotels umgestaltet werden. Auch Stockholm liebt diesen Trend, denn zentraler kann man wohl kaum wohnen in Schwedens Hauptstadt. Und ungewöhnlicher übernachten eigentlich auch nicht. Die Af Chapman ist ein im März 1888 vom Stapel gelaufenes Vollschiff aus Eisen und weltweit das drittälteste seiner Art. Zuerst für eine irische, später für eine schwedische Reederei fuhr es die Australienroute, war von 1915 bis 1934 als Segelschulschiff im Einsatz und diente im Zweiten Weltkrieg im Stockholmer Hafen der Marine als schwimmende Unterkunft. Nach dem Krieg kaufte es die Stadt Stockholm und machte aus dem alten Segelschiff eine Jugendherberge. An dieser Nutzung hat sich bis heute nichts geändert – nur dass die Af Chapman seitdem mehrfach renoviert und herausgeputzt wurde und man wählen kann, ob man lieber auf dem schönen Dreimaster selbst oder im ebenfalls als Jugendherberge dienenden Handwerkerhaus an Land wohnen möchte. Eine Kabine im Dreimaster jedenfalls ist nicht nur extrem nostalgisch schön, der Dauerliegeplatz des Schiffes an der Insel Skeppsholmen ist für einen Stockholm-Trip auch äußerst zentral: Vom Deck aus sieht man gleich Stockholms bezaubernde Altstadt Gamla Stan und daneben das königliche Schloss. Man hat also das Zentrum direkt im Blick. Und das Moderne Museum, das Spielzeugmuseum und das Ostasiatische Museum liegen auch auf der Insel und sind schnell und bequem zu Fuß erreichbar. Genau wie Stockholms grüne Insel Djurgården mit ihren vielen spannenden Museen und dem Freizeitpark Gröna Lund ist auch Skeppsholmen mit dem Fahrrad oder dem Boot rasch zu erreichen. Auf dem Segelschiff gibt es, ebenso wie im Handwerkerhaus an Land, ein typisches schwedisches Frühstück. Und natürlich jede Menge alte Erinnerungen.

TIPP

Am Flughafen Arlanda steht ein alter Jumbo, ebenfalls ein Hostel (www.jumbostay.com).

- Af Chapman, Flaggmansvägen 8, 111 49 Stockholm, Tel. +46 (8) 4 63 22 80
- ÖPNV: Ab Stockholm Hbf. (T-Centralen) Bahn 10, Haltestelle Kungsträdgården (8 Minuten Fußweg)

Tjörns schönste Insel

46

Åstol in den Westschären

Wie ein versteckter kleiner Fleck Land liegt Åstol zwischen den großen Inseln Tjörn und Marstrand im Meer. Schneeweiße Häuser mit roten Dächern schmiegen sich rund um den Hafen an die Felsen. Möwen kreischen. Wellen peitschen. Und bei der Überfahrt, die mit der Fähre von Rönnang im Süden von Tjörn startet, kann es schon einmal etwas schaukeln. Im langen Hafenbecken sieht man dann auch heute noch, was die Insel einst trotz ihrer Winzigkeit so groß gemacht hat: der Fischfang! Als 1747 die Heringszeit begann, war es die windstille, ideale Lage des Hafens nach Osten und Westen, die Åstol so besonders machte. 1761 wurde das Eiland besiedelt und der Fischfang war von nun an die Haupteinnahmequelle der Menschen. Gefischt wurde auf Dorsch und Plattfisch, vor allem aber auf Heringe. Mittlerweile haben die Heringe längst ihr Gewässer gewechselt, die Fischerei hat an Bedeutung verloren. Die meisten Menschen, die heute auf Åstol leben – es sind keine 300 –, arbeiten inzwischen auf dem Festland. Oder sie sind Künstler, Schriftsteller oder Politiker, die auf dem autofreien und sehr romantischen Inselchen mitten im Meer ihre Sommerhäuser haben. Deshalb wird es in der Hauptsaison auch schon mal etwas enger.

Wer nicht auf Åstol lebt, sondern die Insel nur für einen Tagesausflug besuchen möchte, findet dafür rund um den Hafen alles, was man für einen perfekten Urlaubstag braucht: eine Fischräucherei, in der man sensationelle geräucherte Shrimps essen kann, ein Café, einen Krämerladen, viele kleine Gassen zum Bummeln zwischen Häusern mit weißen Zäunchen und Bauerngärten, außerdem eine Aussichtsplattform und einen versteckten Badeplatz inmitten der Felsen: für die Kinder und unsicheren Schwimmer mit einem geschützten Becken im Felsen, für sehr sichere Schwimmer mit einem Badezugang zum Meer hinaus.

TIPP

In der Saison fahren auch Boote diese und andere Schäreninseln an (www.gunnarsbatturer.com).

● Rönnäng brygga, Dalenvägen 4, 471 41 Rönnäng

Mittelalter in der City

47 Das Kulturen in Lund

Lund ist in Schönheit gealtert. Das beweisen der mittelalterliche Stadtkern, die Häuser mit ihren farbenfrohen Fassaden und die verwinkelten Kopfsteinpflastergassen, über die man kreuz und quer durch die Altstadt schlendern kann. Da sind Rosen und duftende Bauerngartenblumen, die an den bunten Häusern hochranken. Alles ist alt, windschief und gemütlich. So fällt der Übergang vom normalen Teil der Stadt in das bereits 1892 gegründete Freilichtmuseum Kulturen an manchen Stellen tatsächlich nur deshalb auf, weil man zwischendurch Eintritt bezahlen muss, ansonsten sieht vieles auch im normalen Stadtgebiet wie in einem Museum aus oder gehört tatsächlich zum Museum, dann eben zum freien Teil. So richtig trennen kann man das gar nicht. Das Kulturen erstreckt sich über zwei ganze Stadtviertel und hat zahlreiche kulturhistorische Gebäude und Gartenanlagen, die man besichtigen kann. Man erfährt, wie die Menschen – beginnend im Mittelalter bis in die 1930er-Jahre hinein – in Stadt und Land gelebt haben. Dabei liegt der Schwerpunkt vor allem auf Südschweden. Es gibt rund 20 Ausstellungen von der Volkskunst bis zum modernen Design, von mittelalterlicher Geschichte bis zur Gegenwart. Außerdem kann man in einem alten Krämerladen einkaufen, in einem urigen alten Gasthof einkehren, eine alte Holzkirche bewundern oder unmittelbar erfahren, wie sich das Leben auf einem Bauernhof angefühlt hat. Da gibt es zum Beispiel einen Bauernhof aus dem Mittelalter: Das niedrige Wohnhaus hat ein Grasdach und ist nur spartanisch eingerichtet. Ebenso gibt es einen aus dem 19. Jahrhundert, eingerichtet mit historischen Objekten, einem gemauerten Herd und mehreren Zimmern. Es gibt auch Stadt- und Wohnhäuser, die man besichtigen kann und in denen Menschen aus unterschiedlichen Epochen und Gesellschaftsschichten gelebt haben.

TIPP
Nicht weit vom Freilichtmuseum liegt der sehr sehenswerte Botanische Garten von Lund.

- Kulturen, Tegnérsplatsen 6, 223 50 Lund, www.kulturen.com
- ÖPNV: Lund Hbf. (9 Minuten Fußweg)

Wald pur erleben

48 Tiny Houses am Vätternsee

Waldbaden? Oder doch lieber Waldduschen? Wie auch immer: Außergewöhnliche Übernachtungen liegen eh im Trend, nicht nur in Schweden. Dort, genauer gesagt in der Nähe des Vätternsees, gibt es neuerdings drei Tiny Houses mitten in einem riesigen Wald. Unter dem Label „Inforest" werden die von einer fünfköpfigen Familie vermietet, der es wichtig ist, konsequent nachhaltig jeglichen Komfort eines Ferienhauses zu bieten, dies jedoch komplett abseits der Zivilisation. Solarzellen auf den Dächern und Batterien sorgen bei jedem Wetter für ausreichend Strom, ein Wassertank versorgt Dusche und Küche, das Abwasser wird gefiltert und eine Biotoilette erlaubt schamfreie Waldsitzungen. Jeweils eine gesicherte und überdachte Feuerstelle fürs Kochen im Freien gibt es auch.

Die Häuser stehen an einsamen Plätzen und haben Namen, sie heißen Ebbe, Vilgot und Esther. Sie besitzen Terrassen mit Gartenmöbeln und sind mit allem Komfort ausgestattet, den man sich wünscht: von der komplett eingerichteten und wunderschön designten Küche über riesige Panoramafenster mit Blick in den Wald bis hin zu kuscheligen Schlaflofts mit Treppenaufgang. Dank eines zusätzlichen ausziehbaren Sofas je Haus ist für bis zu vier Personen Platz. WLAN gibt es nicht und auch keine Garantie für eine Netzverbindung, dafür Wald pur und die perfekte Entspannung. Und wem es doch einmal zu einsam wird oder wer neben den Beeren im Wald und selbst geangelten Fischen doch auch mal Lust auf andere Lebensmitteln hat, findet all das im nur 6 Kilometer entfernten Städtchen Hjo am Westufer des Vätternsees, das wegen seiner außergewöhnlich gut erhaltenen Holzarchitektur aus dem 19. Jahrhundert berühmt ist. Also: Unbedingt einen Bummel genießen – und dann ganz schnell wieder in die Stille der Wälder eintauchen.

TIPP

Am Abend einen Bummel über die Strandpromenade von Hjo machen: Jönköpingsvägen, 544 30 Hjo.

● Tiny Houses bei Hjo am Vätternsee, www.inforest.se

Spritzige Postkartenidylle

49

Der Wasserfall von Hallamölla

Ein kleines rotes Mühlenhäuschen. Drum herum Bänke, auf denen man Rast machen und ganz in Ruhe das Schauspiel beobachten kann, das sich einem da gleich nebenan bietet: Über mehrere Stufen fließt ein kleiner Wasserfall 23 Meter tief den Berg hinunter. Groß genug, um beeindruckend auszusehen und dabei schön laut und spritzig zu sein. Klein genug, um ihn ohne allzu große Gefahr mit nackten Füßen durchklettern zu können oder über die dicken Steine zu balancieren, die gleich unter dem herabfallenden Wasser im Flussbett liegen. Klettern ist überhaupt das Schönste, wenn man den nur wenige Kilometer hinter Brösarp in der südschwedischen Provinz Skåne gelegenen Wasserfall von Hallamölla über den Wanderweg Backleden erreicht hat, denn egal welches der Steinplateaus man gerade erkraxelt oder welche seichte Stelle man durchwatet hat: Die Sicht auf Wasserfall und Mühlenhäuschen ist immer wieder eine andere. Mal steil und schroff, mal lieblich und wie eine Postkartenidylle.

Hallamölla mitten im Verkeån-Naturreservat ist der höchste Wasserfall Skånes und Teil des Flusses Verkeån. Ein Ort inmitten der Natur, an dem man mit etwas Glück auch Eisvögel, Wasseramseln und Gebirgsstelzen beobachten kann. Das Mühlenhaus ist ein besonders alter Mühlenort. Vorgängerbauten gab es schon seit dem Mittelalter, zum ersten Mal schriftlich erwähnt wurde der Ort um 1491. Damals gab es noch drei einzelne Wassermühlen entlang des Flüsschens. Das schöne rote Mühlenhaus, das heute dort steht und sich so wunderschön in die Natur einfügt, war noch bis 1948 in Betrieb. Die Wassermühle hat drei Mahlwerke und eine Schälvorrichtung für Gerstengraupen. Bis ins 20. Jahrhundert hinein war Hallamölla durch die Mühle ein bekannter Handelsort. Zu verdanken ist das einzig und allein dem Wasserfall, der damals wie heute in mehreren Kaskaden und wunderschön ist Tal plätschert.

TIPP

Wer keine Lust zu wandern hat, kann problemlos in der Nähe parken.

● Hallamölla Vattenfall, Hallamölla 102, 273 56 Brösarp

Geschichten überall

50 Das Herrenhaus Toftaholm am Vidöstern

Im Toftaholm Herrgård, also dem Herrenhaus Toftaholm, kann man mit allen Sinnen genießen. Und genau das sollte man auch machen, denn das bereits 1389 gegründete Herrenhaus am See Vidöstern, das einmal zu den größten Gutshöfen Smålands gehörte, ist heute ein Hotel mit vielen Besonderheiten – vom exzellenten Essen über den Blick auf den See bis hin zum prickelnd kühlen Bad darin, das nach einem Saunagang im Holzfass gleich noch erfrischender ist. Außerdem gibt es Geschichten, die zu heimlichen Erkundungstouren einladen. So soll es einen geheimnisvollen unterirdischen Gang von der pittoresk auf der gegenüberliegenden Seite des Sees Vidöstern liegenden Festungsruine Toftaborg zum Nordflügel des Herrenhauses geben. In ihm müssen noch zwei Ringe liegen, die kein geringerer als König Gustav Vasa (1496–1560) verloren hat, als er den Gutsherren Gustav Olofsson Stenbock (1504–1571) und dessen Tochter Katharina (1535–1621) besuchte. Die Ringe waren für Katharina, die er später heiratete. Den Gang nahm er, um zu fliehen, da sich plötzlich dänische Truppen näherten.

Wen freundliche Geister mehr interessieren als verlorene Ringe, der kann sich um Mats kümmern, der im 18. Jahrhundert als Junker auf dem Gut diente und unsterblich in die Tochter des damaligen Besitzers verliebt war. Als diese jedoch einen Adeligen heiratete, verschwand Mats am Abend der Hochzeit und wurde einige Tage später erhängt in einem der Gästezimmer gefunden. Angeblich sollen seither und bis in die heutige Zeit schon viele weibliche Gäste das Gefühl gehabt haben, als lege sich sanft von hinten eine Hand auf ihre Schulter. Ach: Und nicht zu vergessen der Fund eines achtjährigen Mädchens, das 2018 mit ihrem Vater rund 10 Kilometer vom Gutshof entfernt auf dem Boot über den See Vidöstern fuhr und ein Schwert auf dem Grund fand: ein historischer Fund! Das Schwert stammte aus der Vorwikingerzeit, etwa aus dem 5. bis 6. Jahrhundert, und weckte bei Forschern und Archäologen großes Interesse.

TIPP

Im Restaurant des Herrenhauses unbedingt das Wallenbergare probieren: eine Frikadelle aus Rinderhack mit Erbsen und Kartoffelpüree.

● Toftaholm Herrgård 1, 341 55 Vittaryd, www.toftaholm.se

Wandern am und im Wasser

51 Stora Amundön bei Göteborg

Eigentlich gehört sie nicht mehr zum herrlich schroffen Schärengarten von Bohuslän, sondern zur historischen Provinz Västergötland, doch die knapp einen Quadratkilometer große Insel Stora Amundön in Askim, ganz im Südwesten von Göteborg, erinnert mit ihren rundgewaschenen Felsen und steinernen Stränden stark an die Region mit ihrem beeindruckenden Schärengarten weiter im Norden. Damit ist sie ein beliebtes Ausflugsziel unweit der Stadt und von dort aus über eine Brücke erreichbar. Es gibt kleine Buchten, kahle und vom Meer geschliffene Klippen, weite Heideflächen, Wälder mit Fichten und Eichen, viele Weiden und große Strandwiesen. Und natürlich Strände mit wunderbaren Bademöglichkeiten und außerdem das Meer, das hier so besonders in der Sonne schimmert.

TIPP
Die Insel liegt keine 30 Minuten von Göteborg entfernt und eignet sich daher ideal als Tagesausflug.

Stora Amundön bietet irgendwie alles und ist damit fast wie Bohuslän, nur eben im Miniformat. Und ganz ohne Hotels und Restaurants und Tourismus. Dafür gibt es einen ausgiebigen Wanderweg, der über eine Strecke von rund 4,5 Kilometern die Möglichkeit gibt, die Insel zu erkunden. Dabei führt er nicht ausschließlich am Meer entlang, sondern, zum Teil über Holzstege, durch eine abwechslungsreiche Landschaft, zu der auch Wald- und Kletterpfade gehören. Außerdem schlängelt er sich durchs Naturschutzgebiet, in dem man Vögel beobachten und eine urwüchsige Landschaft mit Moosen, Farnen und Waldblumen entdecken kann. Wem weder der Wanderpfad durch die Natur noch die Badeplätze reichen, findet auf Stora Amundön einen Unterwasserpfad. Auf ihm kann man schnorchelnd den Ozean erkunden, sich an Bojen orientieren und das Naturschutzgebiet rund um die Insel entdecken. Der Schnorchelpfad führt auf rund 200 Metern und mit maximal 3 Metern Tiefe an der Insel entlang und ist durch Bojen mit Informationspunkten markiert.

● Kungsviken badplats, Stora Amundön, 436 58 Hovås

Safari im eigenen Auto

52

Der Eriksberg Wildtierpark in Trensum

Es sind zwei komische Vögel, die da stur vor dem Wagen herumstolzieren, so als wollten sie sagen: „Fahr mal schön langsam, hier geben schließlich wir den Ton an." Recht haben sie ja. Genau wie das kleine Wildschwein, das gleich zwei Kurven weiter sehr selbstbewusst quer über die Straße trippelt. Im mehr als 9 Quadratkilometer großen Eriksberg Wildtier- und Safaripark in Trensum, im Südosten Schwedens, haben eben ausschließlich Tiere und die Natur das Sagen. Die Menschen dürfen nur schauen, genießen und entdecken und dabei ganz langsam im Schritttempo über vorgegebene Wege fahren.
Eine Safari mit dem eigenen Auto, bei der man sich viel Zeit lassen und regelmäßig anhalten, schauen und staunen kann. In der bergigen, felsigen Küstenlandschaft mit Laubwäldern und Nadelbäumen leben zahlreiche Tierarten, darunter mehr als 50 Wisente, also die europäische Art der Bisons, die mit einer Widerristhöhe von bis zu 195 Zentimetern richtige Riesen sind. Außerdem rund 80 Davidshirsche, die in dieser Art in der freien Wildbahn bereits ausgestorben sind, an die 200 Mufflons, 300 Exemplare Rotwild und mehr als 700 Vertreter des Damwilds. Dazu kommen noch über 300 Wildschweine und eine Vielzahl Vögel. Besonders imposant sind die Seeadler, die man während der Safari immer wieder majestätisch über die Wälder oder über das Wasser schweben sieht. Und auch auf dem Wasser gibt es eine Besonderheit, denn im zu Eriksberg gehörenden See Färsksjön gibt es den weltweit größten Bestand der unter Naturschutz stehenden Roten Seerose: ein einziges Blütenmeer wie ein riesiger rot schimmernder Teppich, das man schon aus der Ferne sieht. Der allein macht schon einen Besuch lohnenswert. Atemberaubend wie der Park sind auch seine Übernachtungsmöglichkeiten, denn Eriksberg ist zugleich ein luxuriöses Hotel mit Suiten, Lodges und Glamping inmitten der Natur.

TIPP

Unbedingt früh am Park sein und viel Zeit mitbringen.

- Eriksberg Hotel & Nature Reserve, Guöviksvägen 353, 374 96 Trensum
  www1.eriksberg.se/de/start

Zu Hause bei Michel

53

Der Hof Katthult bei Vimmerby

Eigentlich ist der schöne rote Hof, der auf einem Berg und mit seinen Stallungen, Schuppen und anderen Nebengebäuden etwas am Hang liegt, ein ganz normaler småländischer Bauernhof und seit dem 19. Jahrhundert in Familienbesitz. Eigentlich. Doch dann stand 1970 irgendwann dieses Filmteam vor der Tür. Natürlich nicht ganz unangemeldet, doch dass es mit „Michel in der Suppenschüssel“ (1971), „Michel muß mehr Männchen machen“ (1972) und „Michel bringt die Welt in Ordnung“ (1973) am Ende gleich drei bis heute beliebte und erfolgreiche Michel-Filme gibt, damit hatte wohl niemand gerechnet. In Katthult wurden die meisten Außenszenen gedreht, die Michel rund um das Haus zeigen. Ein Drehort wie ein warmer schwedischer Sommer. Klar, dass der knapp 30 Autominuten von Vimmerby gelegene Hof bis heute Touristenmassen anlockt. Der Parkplatz ist in den Sommermonaten dann voller Menschen, die den schmalen Weg am Feld entlang zum Haus hinüber pilgern. Dort gibt es für kleines Eintrittsgeld nicht nur ein Café mit Souvenir-Shop und viele süße Tiere zum Streicheln, sondern auch Michels Tischlerschuppen mit seinen aus Frust und Freude geschnitzten Holzmännchen zu bestaunen. Die stehen darin in den Regalen und erinnern an die Streiche, die Michel so häufig machte und für die er dann zur Strafe in den Schuppen musste. Außerdem gibt es auch das Haus zu besichtigen, in dem in den Filmen Knecht Alfred wohnte: mit seinem Bett, dem Esstisch, dem Kamin … Fast so, als würde Alfred jeden Moment durch die Türe kommen. Dazu gibt es jede Menge Informationen über die Zeit der Dreharbeiten, über die Orte und die Menschen, die damals vor und hinter der Kamera standen. Und ein bisschen kommt es einem dann vor, als wäre man zu Besuch bei den netten und etwas verrückten Leuten auf Katthult: bei Michel, seiner Schwester Ida, Mutter Alma, Vater Anton, Knecht Alfred und der treuherzigen Magd Alma.

TIPP

Vor dem Besuch unbedingt noch einmal die Filme gucken!

● Katthult, Gibberyds gård, 598 92 Vimmerby, www.katthult.se/de

KATTHULT
MANGÅRDSBYGGNADE

Entspannung in den Dünen

54 Die Holzliegen am Strand von Apelviken

Eigentlich soll man sich ja nicht einfach irgendwo in die Dünen legen, schon allein aus Rücksicht auf die Umwelt. Doch am Strand von Apelviken in Halland ist das in einigen Bereichen ausdrücklich erlaubt – und erwünscht. Der rund einen Kilometer lange Strand bei Varberg ist mit seinem Wind und seinen Wellen nämlich nicht nur ein Eldorado für Surfer aller Art und gilt als einer der besten Surfstrände in Schweden überhaupt, er lädt auch Nicht-Surfer dazu ein, sich auf bequemen Holzliegen in die Dünen zu legen und den Sportlerinnen und Sportlern auf den Wellen zuzuschauen, wie sie da ihre hohen und gewagten Sprünge machen. Alle paar Meter nämlich gibt es entweder hölzerne Tische mit Bänken oder große und bequeme Holzliegen für zwei Personen. Kostenlos, versteht sich. Auf den von der Sonne gewärmten Holzliegen kann man sich dann bequem ausruhen, ab und an ein Bad im Meer nehmen oder einfach in der Sonne dösen. Das fühlt sich ein bisschen so an, als würde man im Theater in der ersten Reihe sitzen, nur dass man für das Schauspiel auf dem Wasser keine Eintrittskarte kaufen muss und dabei ruhig mal ein Nickerchen machen darf.

In Apelviken gibt es neben den schönen Bänken in den Dünen auch Restaurants und Cafés. Außerdem gibt es mit der Destination Apelviken einen ausgezeichneten Campingplatz inklusive Hotel und Ferienhäusern. Camping hat nämlich in Apelviken eine lange Tradition, denn als vor mehr als hundert Jahren die Eisenbahnlinie entlang der Westküste gebaut wurde, kamen immer mehr Menschen an die Küste und schlugen dort ihre Zelte auf. Aus dem spontanen Zeltplatz wurde dann die Destination Apelviken. Und der beliebte Strand entwickelte sich schon bald zum Traumort für Surfer, Kiter und Wellenreiter – inklusive der beliebten Holzliegen zum Schlummern in den Dünen.

TIPP

Die Strandliegen gibt es auch an weiteren Strandabschnitten rund um Varberg.

● Destination Apelviken, Sanatorievägen 4, 432 53 Varberg, www.apelviken.se

Inseln wie Tage im Jahr

55

Der Bolmen-See in West-Småland

Manchmal ist das Leben ungerecht – und man fragt sich, warum ausgerechnet eine Klobürste nach einem der schönsten Seen Schwedens benannt werden musste … Was das große schwedische Möbelhaus unter dem Namen anbietet, ist eher klein und fischt im Trüben. Der echte Bolmen-See hingegen ist riesig und dermaßen klar, dass sein Wasser reinstes Trinkwasser ist. Schließlich gab es rund um den Bolmen-See niemals Industrie oder größere Städte, ganz einsam glitzert er inmitten der Wälder Smålands. Der zwölftgrößte See Schwedens liegt rund 80 Kilometer südlich von Jonköping und hat eine Fläche von 184 Quadratkilometern. Über einen 87 Kilometer langen Tunnel – einer der längsten der Welt – versorgt er große Teile der südlichsten Provinz Skåne mit Trinkwasser.

TIPP

Der ideale Stopp auf der Durchreise in Richtung Vätternsee.

Wer hier seinen Urlaub verbringt, sucht vor allem die Einsamkeit und findet sie an den von Wäldern gesäumten Ufern des Sees. Man kann auf unterschiedlich langen Strecken mit dem Rad um den Bolmen fahren, schwimmen oder mit dem Boot den See und seine beeindruckende Inselwelt entdecken. Der Bolmen hat mindestens so viele Inseln wie das Jahr Tage hat, 365 also.

Bolmsö ist darunter die größte Insel, über die es viele Märchen und Geschichten gibt, unter anderem sollen dort einst nur Riesen gelebt haben. Zu erreichen ist sie sowohl per Fähre als auch über eine Brücke. Wer lieber entspannt am Ufer sitzt und angelt, ist ebenfalls in einer Art Paradies: mit mehr als 20 Fischarten, darunter Zander, Brassen, Lachsforellen, Lachse, Aale, Rotfedern, Schleie, Aalquappen und Rotaugen. Den See kann man von der an der Autobahn A4 gelegenen Stadt Ljungby aus gut erreichen. Von dort ist man schnell im kleinen Hafen von Bolmstad mit Ministrand und kleinem Café. Außerdem gibt es ganz in der Nähe einen kleinen Campingplatz, auf dem man sich auch Kanus ausleihen kann.

● Bolmen Marin & Fritid/Bolmens Camping, Bolmen, 341 94 Ljungby
www.bolmen.com

Ein Haus in den Schären

56 Anne-Louises Stuga in Gryt

Morgens ist es besonders schön in der kleinen Stuga von Anne-Louise. Man schaut durch die Vorhänge, sieht die Sonne glitzern, kocht sich einen Kaffee, läuft keine 100 Meter entlang kleiner Felsen und dichter Blaubeersträucher durch einen lichten Wald und steht direkt am Meer auf einem steinigen Felsplateau, von dem aus man direkt ins Meer springen kann. Wasser, kleine Wellen, irgendwo fährt ein Motorboot und überall im Meer sind kleine Inseln. Eine davon so nah, dass man hinüberschwimmen kann. Fast ein bisschen unwirklich schön ist es in der winzigen Bucht, gleich unter dem blauen Häuschen von Anne-Louise, die selbst eigentlich in der Nähe von Stockholm lebt, mit dem Elternhaus ihres Mannes aber auch die hübsche Stuga auf dessen Grundstück in Gryt übernommen hat, die sie heute an Touristen vermietet.

Wer in Schweden von einer Stuga spricht, meint die typischen kleinen Ferienhäuser, von denen es im ganzen Land mehr als 650.000 gibt und von denen viele bereits über Generationen vererbt werden. Die von Anne-Louise ist eine davon. Hochbett für drei Personen, Schlafsofa, Küchenzeile, Essecke und Duschbad. Damit ist die Stuga schon eine der komfortableren. Sogar ein eigenes Paddelboot gehört dazu. Das liegt in der kleinen Felsenbucht und heißt Korken. Oben am Felsen baumelt zwischen zwei Bäumen noch eine Hängematte. Auch die ist Teil des kleinen Hauses und ein weiterer Schritt zum schönsten Schweden-Glück. Nach Paddeln, Baden und Erkunden der Gegend rund um Gryt – einer rund 15 Kilometer hinter Valdemarsvik gelegenen Ortschaft –, kann man auf der kleinen Terrasse der Stuga den Tag ausklingen lassen. Bevor man sich dann doch noch einmal aufmacht. Durch den Wald, die Blaubeersträucher und die kleinen Felsen entlangläuft, um am Meer auf einer Bank zu sitzen und die Abendsonne zu genießen.

TIPP

Fußläufig gibt es einen kleinen Badestrand und ein Freibad mit Sauna, das jeder nutzen kann.

● Anne-Louises Stuga, Norrtorpsvägen 69, 610 42 Gryt, Tel. +46 (70) 6 37 45 67

Eintauchen in die Natur

57 Das Naturreservat Kullaberg

Nicht weit von Malmö in Richtung Norden stößt man an der Küste des Kattegat auf unberührte Natur, die sich auf einem in der Mitte grünen und an seinen Rändern sehr felsigen Hügel erstreckt: die Halbinsel Kullaberg. Sie spielt eine wichtige Rolle im 1906/07 erschienenen Roman „Die wunderbare Reise des kleinen Nils Holgersson mit den Wildgänsen“ der schwedischen Schriftstellerin und ersten Literaturnobelpreisträgerin Selma Lagerlöff (1858–1940). Darin reist Nils durchs Land, quer durch Schweden und nimmt im fünften Kapitel mit den Wildgänsen am jährlichen Treffen aller Tiere in Kullaberg teil.

Das Naturreservat, das auch Kullen genannt wird, ist an seiner Seeseite eine von Wellen umspülte Felsformation und nicht nur wegen der Geschichte mit den Wildgänsen ein besonderer und beliebter Ort. Wenn man nämlich die Natur dort genau beobachtet, liegt das Treffen aller Tiere auch in der Realität nicht fern: In Wäldern und Wiesen, an den spektakulären Klippen und der Küste gibt es eine außergewöhnliche Tier- und Pflanzenwelt. Unterwegs auf den drei Hauptwanderwegen – einem roten Weg im Süden, einem blauen Weg im Norden und dem orangefarbenen Kullaleden-Weg an der Küste – kann man Dachse, Rehe, Füchse, Rotwild und manchmal auch Wildschweine sehen, auf den Wiesen grasen Pferde, Kühe und Schafe, aber auch Otter, Grasnattern und zahlreiche Echsen- und Froscharten sind auf dem Kullaberg unterwegs. Richtig abenteuerlich wird es, wenn man sich zu einer rund anderthalb Stunden dauernden Schweinswalsafari anmeldet und auf dem Meer die selten zu entdeckenden Tiere beobachtet. Informieren über die Tier- und Pflanzenwelt und über weitere Ausflugsziele kann man sich im Besucherzentrum Naturum. Das ist spannend, gut gemacht und äußerst lehrreich.

TIPP

Auf dem Kullaberg gibt es insgesamt 20 Felsenhöhlen.

● Naturum Kullaberg, Italienska vägen 323, 263 77 Mölle, www.kullabergsnatur.se

Begegnungen erwünscht

58

Elchparks in und um Småland

Fast überall an den Straßen stehen diese Warnschilder, die eben nicht auf kreuzende Hirsche oder Rehe hinweisen, sondern: auf Elche! Und so richtig verstehen können die Schweden es womöglich nicht, dass viele Touristen so wild auf diese Schilder und Elch-Aufkleber sind oder sich begeistert davon erzählen, einen Elch gesehen zu haben. Denn die mehr interessante als schöne größte Hirschart der Welt, die sich besonders am Abend in lichten Wäldern oder an Waldrändern sehen lässt, kann ganz schön gefährlich werden. Elche sind nämlich bis zu 600 Kilo schwer und ganz schön stur. Mit mehr als 2 Metern Schulterhöhe überragen sie fast jedes Auto – und bleiben einfach stehen, wenn sie auf eine Straße laufen. An die 6000 Unfälle mit Elchen gibt es in manchen Jahren – und nicht umsonst wird den Autofahrern geraten, den Tieren lieber auszuweichen, was nicht eben einfach ist. Auf Spaziergängen ist ebenfalls Vorsicht geboten. Ein schlecht gelaunter Elch rennt einfach los – und einen im schlimmsten Fall über den Haufen.

Fast 400.000 der dunklen Riesen gibt es in Schweden, besonders viele von ihnen leben in Mittelschweden, vor allem in Västergötland. Die beste Möglichkeit, sie sich wirklich sicher aus der Nähe anzusehen, ist ein Besuch in einem der zahlreichen Elchparks, die es – bis auf der Insel Gotland – überall, ganz besonders häufig im dicht bewaldeten Småland gibt. Besonders spannend ist der Elchpark Smålandet in der Nähe von Markaryd im äußersten Südwesten von Småland. Dort kann man entweder im eigenen Auto oder ganz gemütlich in einem Bummelzug durch ein 13 Hektar großes Elchgehege fahren und dabei die Tiere gefahrlos und dennoch nah beobachten. Außer den Elchen leben im Smålandet auch amerikanische Bisons. Auf der Tour gibt es Erklärungen und nach der Safari eine Stärkung im Café und natürlich: die so beliebten Elchschilder im Souvenir-Shop.

TIPP

Weitere Elchparks findet man in Lagan (www.laganland.se/de/elchpark), Elinge (www.elingealgpark.com) und Målilla (www.malillaalgpark.se).

● Elchparks, zum Beispiel Smålandet, Misterhult 2032, 285 91 Markaryd
www.smalandet.se

Nachhaltigkeit als Plan

59

Malmös Westhafen

Alles andere als klein und gemütlich, dafür im spannenden Wandel und vor allem für Architekturfans interessant ist der Westhafen von Malmö. Schon von der Öresundbrücke aus kann man das inzwischen schon nicht mehr ganz so neue Wahrzeichen der Stadt erkennen, den markanten weißen Turm Turning Torso, was ja „drehender Rumpf" heißt und der aussieht, als wäre er in sich selbst verschlungen. Gebaut hat den mit 190 Metern Höhe und 54 Etagen höchsten Wolkenkratzer Skandinaviens der spanische Architekt Santiago Calatrava (geboren 1951). Der 168 Millionen Euro teure Bau, der 2005 eingeweiht wurde, hat unter anderem fünf Aufzüge, von denen drei mit einer Geschwindigkeit von 18 Kilometer pro Stunde fahren und vom Erdgeschoss bis in den obersten Stock nur 38 Sekunden nonstop benötigen.

Die Wohnungen im Turning Torso sind bezahlbare Mietwohnungen, deren Umfeld noch einige Zeit einem starken Wandel unterworfen sein wird, denn rund um den einprägsamen Turm entwickelt sich bereits seit Jahren ein modernes, nachhaltiges und innovatives Wohnviertel: der Westhafen. Da gibt es Strandpromenaden und Skaterparks, Grünanlagen und künstliche Seen und für alle Gesellschaftsschichten gedachte Passivhäuser mit begrünten Dächern. Bis 2031 soll im Westhafen die größte Passivhausanlage Schwedens entstehen, inklusive eines umweltschonenden öffentlichen Verkehrsnetzes. Ein Gesamtkonzept, das beispielhaft für ganz Schweden sein soll. Eine Stadt der Zukunft. Bereits jetzt ist das Viertel klimaneutral, die Energieversorgung basiert zu hundert Prozent auf Wind- und Sonnenenergie sowie Biogas, das die Bewohner mit ihrem Abfall selbst erzeugen. Wer nach so viel innovativer Architektur noch immer nicht genug hat, kann vom Westhafen aus in knapp einer halben Stunde zum Moderna Museet bummeln, das in einem ehemaligen Kraftwerk untergebracht ist.

TIPP

Die Skateranlage im Stapelbäddsparken zählt zu den besten in ganz Europa.

- Turning Torso, Lilla Varvsgatan 14, 211 15 Malmö
- ÖPNV: Ab Malmö Hbf. Bus 8, Haltestelle Turning Torso

Paddeln von Insel zu Insel

60 Im Schärengarten von Östergötland

Gut 2 Autostunden südlich von Stockholm liegt ein Meer aus vielen kleinen Inseln. Rund 9000 sollen es sein. Sie sind nicht so steinig und schroff wie die Schären der Westküste, aber auch nicht so grün wie es um Stockholm herum aussieht. Das Meer wirkt sanft. Und irgendwie schaut immer wieder die Sonne hervor. Meistens jedenfalls. Der Schärengarten von Östergötland an der südschwedischen Ostküste lässt sich am besten auf einsamen Kanu- oder Kajak-Touren entdecken und besteht aus vier einzelnen kleinen Schärengärten: Arkösund, St. Anna, Gryt und Tjust.

Die Inseln sind zum Teil unbewohnt und gut zu erreichen. Man kann also einfach mit dem Boot anlegen und sich seine Lieblingsinsel suchen. Das gilt besonders für den Schärengarten von St. Anna mit seinen vielen Tausend Inselchen. Die Schären von Arkösund hingegen sind erschlossener und über öffentliche Schiffsverbindungen zu erreichen. Und Gryt wiederum ist eher still und verträumt und wegen seiner vielen Natur- und Vogelschutzgebiete weitaus unberührter. Es gibt seltene Vogelarten und jagende Kegelrobben, die man beobachten kann. Allerdings dürfen an vielen der geschützten Strände von Gryt nur private Boote anlegen, um die vielen kleinen Paradiese nicht zu gefährden. Dafür kann man aber geführte, auch mehrtägige Kajak-Touren machen, zum Beispiel mit Anbietern wie Ostkustenkajak, die auf ihrer Homepage bereits Touren-Pakete empfehlen, auf denen einsame Übernachtungen möglich sind – vom Zelten auf dem 2 Paddelstunden entfernten Gubbökupa über Übernachtungen in Hütten im bewohnten Harstena bis zum Paddeln im Mondschein. Dazu gibt es immer die Empfehlung, aus Sicherheitsgründen nur maximal 300 Meter vom Rand der nächsten Insel entfernt zu bleiben, um im Notfall schnell wieder das sichere Land erreichen zu können.

TIPP

Die Orte eignen sich geradezu perfekt für eine Fotosafari.

● Schärengarten von Östergötland

● Kajak-Touren ab Campingplatz Ekön, Gryts Prästgård Ekön 3, 615 96 Gryt

www.campa.se

Ein bisschen Toskana

61 Galerien und Kunsthandwerk in Österlen

Dass man die Landschaft der Region Österlen, die ganz im Südosten der schwedischen Provinz Skåne zwischen Ystad und Kristianstad liegt, auch gerne mal Schwedens Toskana nennt, liegt nahe, denn im äußersten Süden Schwedens gibt es nicht nur sanfte Hügel in einer sonst so weiten Landschaft, breite Strände, alte Städtchen und sogar Weingüter und Apfelplantagen. In Österlen haben sich auch zahlreiche Künstlerinnen und Künstler niedergelassen oder verleben dort ihre Sommer. In fast jedem Dorf und an jeder längeren Straße gibt es kleine Galerien, Töpferwerkstätten, Läden mit Kunsthandwerk und immer mal wieder auch eine Ausstellung.

Eine davon ist dauerhaft, liegt in Rörum, rund einen Kilometer nördlich von Simrishamn, der einzigen größeren Stadt der Region, und gehört zum riesigen Atelier von Gunilla Mann. Die 1947 in Göteborg geborene Malerin präsentiert ihre Kunst nicht nur in einem großen Verkaufsraum, in dem man zu günstigen Preisen Postkarten in allen möglichen Größen und Formaten, Kunstdrucke und sogar Puzzles mit ihren Motiven kaufen kann. Sie zeigt ihre Werke auch in einer großen Ausstellung. Die geht über mehrere helle Räume und gewährt sogar einen Blick ins Atelier. Die Bilder von Gunilla Mann sind farbenfrohe und touristenwirksame Gemälde und Lithografien, die in ihrem naiven Stil kleine Geschichten erzählen. Richtig auf Entdeckungsreise kann man da gehen, findet immer wieder neue winzige Details und hat irgendwann das Gefühl, die Bilder sammeln zu wollen – zu jedem Ort, den man in Schweden besucht hat, eine Postkarte von Gunilla Mann. Denn: Ihre Motive sind zu einem großen Teil die Städte und Regionen Schwedens, darunter Ölgemälde von Stockholm, Malmö, Karlshamn, Falkenberg, Halmstad, Jönköping, Lund, Karlskrona und natürlich die der Region Österlen, wie Kivik und Simrishamn. Ein bunter Bilderreigen, der zu Hause an die schönsten Wochen des Jahres erinnert.

TIPP

Gunilla Manns Bilder hängen auch in Malmö, in ihrem Atelier in der Banérsgatan 6.

● Gunilla Mann, Rörums byaväg 7, 272 95 Simrishamn, www.gunillamann.se

STRANDVALLEN
KONSTHALL

An der Krebsküste

62 Der Schärengarten von Bohuslän

Er ist schroff. Er ist abwechslungsreich. Und er ist einfach wunderschön. Der Schärengarten von Bohuslän ganz im Norden der schwedischen Westküste ist ein bisschen wilder als der Rest. Karg und kühl ragen da so manche Felsen in die Höhe. Es gibt Kultur, außergewöhnliche Hotels und natürlich: Krebse. Ganz so lustig ist es deshalb nicht, wenn man mit nackten Füßen durch die kleinen Badebuchten tappt und plötzlich ein scharfkantiges Anhängsel hat. Deshalb sollte man sich besser Badeschuhe kaufen, die es überall gibt. Oder man macht sich einfach einen Spaß daraus, kauft sich ein buntes Angelset für Kinder, klemmt ein altes Stück Fleisch an die Zange und schaut einfach mal, was passiert, wenn man das ins flache Wasser hält. Keine Minute und der erste Krebs beißt an – wetten? Aber danach möchte er unbedingt wieder ins Wasser, und zwar lebend.

TIPP

Beim US-Sender CNN landete Bohusläns Schärengarten auf Platz 7 der schönsten Naturgebiete weltweit.

Viel schöner allerdings ist es, wenn man sich die vielen kleinen Inseln vom Wasser aus ansieht und dabei ein bisschen Inselhüpfen macht. Der Schärengarten reicht – wenn man ihn weit fasst – von Vrångö im Süden (vor Göteborg) bis zu den Kosterinseln ganz im Norden (vor Strömstad) und besteht aus weit mehr als 5000 Inseln. Dazu kommen große, mit dem Festland über Brücken verbundene Inseln wie Tjörn, Orust oder Marstrand. Und überall gibt es Fähren oder kleine Schiffe, die zwischen den einzelnen Inseln verkehren. So kann man sich seinen ganz eigenen Inselhüpf-Plan schon lange vor dem Urlaub machen, egal ob es sich dabei nur um eine Tagestour handelt oder einen längeren Aufenthalt über mehrere Tage, ob mit dem Auto oder ganz praktisch mit dem Fahrrad. So vom Meer umgeben zu sein und sich seinem Geruch, seinen Geräuschen und seinem Geschmack so nahe zu fühlen, ist nur an wenigen Orten auf der Welt möglich.

● Schärengarten von Bohuslän, www.vastsverige.com/en/bohuslan

Wie Michel, Pippi und Ronja

63 Das Filmbyn in Mariannelund

Das Filmmuseum in Småland liegt inmitten der Astrid-Lindgren-Orte Vimmerby, Kattult und Bullerbü und wirkt extrem modern zwischen all der Nostalgie. Betritt man es, so ist im ersten Raum gleich eine riesige Leinwand, die einem das Gefühl gibt, direkt auf die Geschichten Astrid Lindgrens zuzuschweben. Bei Michel auf Kattult, bei Ronja auf der Mattisburg … Dahinter dann tut sich eine Welt aus Drehorten auf: Man geht von Requisite zu Requisite und kann sich zum Beispiel an den Schreibtisch des Hausarztes setzen, der Michel aus Lönneberga half, den Kopf wieder aus der Suppenschüssel zu bekommen. Und auch den Kopf darf man gleich selbst in die Schüssel stecken. In Pippis Küche dann steht ihr Pferd Kleiner Onkel schon bereit und möchte geritten werden. Ist die Schlange der kleinen Reiter zu lang, darf sich jeder Gast die Bürsten unter die Schuhe klemmen und nach Pippi-Art den Küchenboden putzen. Da gibt es außerdem Szenen aus Saltkrokan, Ronja und Michel. An den Wänden hängen die alten Filmplakate. Und auf Bildschirmen kann man sich die inzwischen erwachsenen Schauspieler von damals anschauen, die sich an die Dreharbeiten erinnern und davon erzählen.

TIPP

Im Restaurant gibt es fantastische Köttbullar.

Nach einer Pause in einem kleinen Kino geht es dann in die erste Etage, in der es richtig futuristisch und interaktiv wird. Neben Bildschirmen mit Quizfragen zu Astrid Lindgrens Geschichten gibt es schalldichte Kabinen, in denen man die Titelmelodien mitsingen kann, außerdem besteht die Möglichkeit, sich gleich mit in die Filme schneiden zu lassen. Einmal wie Ronja Räubertochter über den Höllenschlund springen? Im Filmbyn ist das kein Problem: einfach in die gläserne Kabine gehen und über die Markierung am Boden springen. Oder lieber wie Klein Ida am Fahnenmast baumeln? In der anderen Kabine wartet schon Michels Heimathof Kattult inklusive Fahnenstange, an der man virtuell hochgezogen wird. Die Ergebnisse schickt das Filmbyn als kleine Filmsequenzen per Mail – als ganz besondere Urlaubserinnerung.

- Filmbyn Småland, Spilhammarvägen 4, 598 97 Mariannelund, www.filmbyn.se

Mit dem Rad durchs Land

64 Über Kattegattleden und Co.

An der Westküste sieht man immer wieder Menschen auf Fahrrädern, die ordentlich Gepäck dabei haben. Fahrradkoffer, Schlafsack, manchmal auch ein klein verpacktes Zelt. So, als machten sie nicht nur eine kleine Fahrradtour für den Nachmittag, sondern wären mehrere Tage lang unterwegs. Sind sie dann wahrscheinlich auch, denn zwischen Göteborg und Helsingborg geht der insgesamt 370 Kilometer lange Kattegattleden entlang, ein gut ausgebauter Radweg mit wunderbarer Sicht, denn er führt immer an der sehr abwechslungsreichen Küste entlang und bleibt dabei möglichst in Wassernähe. Als er 2015 eingeweiht wurde, war der Kattegattleden der erste nationale Touristenradweg Schwedens. 2018 wurde er dann zum europäischen Radweg des Jahres ernannt.

Es gibt eine eigene, auch deutschsprachige Homepage, die die gesamte Strecke in acht Etappen einteilt, von der jede zwischen 22 und 72 Kilometer lang ist – also zum Teil sportlich, aber durchaus machbar. Neben dem Kattegattleden gibt es inzwischen immer mehr Radwege, die zum Teil wie eigene Radstraßen ausgebaut sind. Der nationale Fernradweg Göta-Kanal zum Beispiel ist 220 Kilometer lang und gliedert sich in sieben Etappen zwischen 15 und 56 Kilometern Länge, von denen gut die Hälfte über einen ehemaligen und natürlich autofreien Treidelpfad führen. Ganz im Süden gibt es außerdem den zweiten nationalen Radweg des Landes, den Sydostleden. Er führt durch das Landesinnere vom småländischen Växjö über rund 270 Kilometer bis nach Simrishamn an der Südküste und gliedert sich ebenfalls in sieben Etappen. Die als sechster nationaler Fernradweg eröffnete neueste Strecke ist der Vänerleden, der rund um Schwedens größten See, den Vänernsee, führt und dabei über eine Strecke von insgesamt 640 Kilometern über zwölf Etappen geht.

● Kattegattleden, Start: Kungstorget, 252 78 Helsingborg
www.kattegattleden.se/de

Stockholms Mitte

65 Rund um das Königsschloss

Ein Tag in Schwedens Hauptstadt? Meistens führt einen der Weg zum königlichen Schloss, in dessen Souvenirshops die Königsfamilie auf Postkartenmotiven lächelt, man die repräsentativen Empfangssäle durchstreift und geduldig wartet, um bei der Wachablösung einen guten Blick auf die stur blickenden Wachen zu haben. Aber: Irgendwie gehört so ein Schlossprogramm dazu, wenn man in Stockholm ist. Unter anderem auch, weil die unmittelbare Umgebung des Prachtbaus so extrem sehenswert ist: die zauberhafte Altstadt Gamla Stan, das Herz der sich über insgesamt 14 Ostseeinseln erstreckenden schwedischen Hauptstadt. Die zumeist rot oder orange leuchtenden jahrhundertealten Häuser mit ihren kleinen krummen Gassen bilden die Urzelle Stockholms, das sich nach seiner Gründung als Handelsstützpunkt der Hanse von dort aus um 1252 ausbreitete und bereits 1300 Schwedens größte Stadt, politisches Zentrum und königliche Residenz war.

TIPP
Zentraler Platz der Altstadt ist der Stortorget.

Neben dem Nobelmuseum und den bekannten Kirchen Storkyrkan (Nikolaikirche), der Domkirche Stockholms, und der Tyska kyrkan (Deutsche Kirche) mit ihrem 96 Meter hohen Kirchturm, gibt es natürlich viel touristischen Nepp, was aber weder der Schönheit des Ortes noch den zahlreichen hübschen Läden irgendwie Abbruch tut, denn für die richtige Gamla-Stan-Stimmung gehört beides zusammen. Da gibt es dann richtig alte, traditionelle Restaurants wie Den Gyldene Freden, das seit 1722 an der gleichen Adresse in der Österlånggatan 51 liegt, zu den ältesten Restaurants der Welt gehört und bereits prominente Namen wie den Botaniker Carl von Linné, den Komponisten Carl Michael Bellman oder den Maler Anders Zorn zu seinen Stammgästen zählen durfte. Da gibt es Bars wie das Stampen in der Stora Gråmunkegränd 7, mit gutem Jazz. Oder man trifft sich in der Skeppsbro Bageri in der Skeppsbron 21 zum günstig-guten Mittagessen.

- Königsschloss, Kungliga slottet, 107 70 Stockholm, www.visitstockholm.com
- ÖPNV: Ab Stockholm Hbf. (T-Centralen) Bahn 10, Haltestelle Kungsträdgården (10 Minuten Fußweg)

Zu Fuß am Meer entlang

66 Der SL4 Österlenleden

Am Strand liegt ein Herzstein. So richtig schön geformt und ein bisschen glitzernd. Daneben kleine Stöcke, helle Muscheln, dann wieder glitzernde Steine. Strandgut sammeln und dabei den warmen Sand unter den Füßen spüren, ab und an die Beine ins Wasser halten und den Blick genießen. Das ist auf dem SL4 Österlenleden immer wieder möglich. SL steht dabei für Skåneleden, denn der insgesamt 188 Kilometer lange Österlenleden ist nur ein Teil vom riesigen Skåneleden – einem Fernwanderweg mit insgesamt mehr als 1400 Kilometern Länge, der durch alle Facetten von Schonen führt und damit den gesamten äußersten Süden Schwedens mit einbezieht. Er gliedert sich in 134 einzelne Etappen und führt über sechs ganz unterschiedliche Strecken, von denen der Österlenleden nur eine ist, aber eben eine besonders schöne, denn dieser Weg führt sowohl durch das waldige, hügelige und schluchtige Landesinnere als auch direkt an der Küste zwischen Ystad und Vitemölla entlang über Strände und Klippen.

TIPP
Beim Baden im Meer ist wegen der starken Unterströmungen Vorsicht geboten.

Der Küstenabschnitt ist deshalb so reizvoll, weil es nicht nur diese herrlich abwechslungsreichen Strände zum Steinesammeln gibt, sondern auch ganz viel Natur und Tiere, die man ungestört beobachten kann. Auf der Küstenstrecke begegnet man unter anderem dem Fluss Nybroån, der sich wegen des sandigen Untergrunds immer wieder neue Wege ins Meer sucht, außerdem dem von schmelzendem Inlandeis vor rund 15.000 Jahren geschaffenen etwa 10 Kilometer langen Höhenzug Kåsebergaåsen, vielen Sanddünenlandschaften mit kleinen Feuchtgebieten und natürlich dem bekannten Nationalpark Stenshuvud mit seinem gleichnamigen Berg, trockenen Sandheiden, Orchideenwiesen und Erlensümpfen. Man kann seltene Vögel, Frösche und Insekten sehen und immer wieder aus einer anderen Perspektive das Meer betrachten. Ebenfalls auf der Strecke liegt das Erholungsgebiet Vitemölla mit einer großen Sandsteppe aus trockenem und kalkreichem Sandrasen. Außerdem geht es durch kleine und auch etwas größere Orte wie Ystad, Simrishamn oder Kivik.

● Österlenleden, guter Start: Brösarp, Haltestelle Torparebron
www.skaneleden.se/de

Smålands schmale Spur

67 Mit der Draisine nach Målilla

Wenn man eigentlich einen Fahrradverleih sucht und plötzlich diese kleinen roten Draisinen findet, dann ist das: Glück! Denn direkt hinter dem Bahnhof vom småländischen Hultsfred stehen die lustigen Fahrräder auf Schienen mit ihrem gemütlichen Beiwagen. Es gibt eine genaue Einweisung auf Englisch und auf Wunsch sogar alles noch einmal schriftlich auf Deutsch: An den Warnschildern bitte absteigen und schieben, zu anderen Fahrenden 15 Meter Sicherheitsabstand halten, in den Kurven nicht zu schnell werden und bei Gegenverkehr einfach gemeinsam die Draisine vom Gleis heben. Alles verstanden? Dann los! Einer trampelt, der andere sitzt, beide genießen. Die von der Eisenbahn selbstverständlich nicht mehr befahrene Strecke führt durch lichte Wälder, an roten Häusern vorbei und als Höhepunkt zum Schluss über den Hesjön-See und an seinem Ufer entlang. Das fühlt sich abenteuerlich an und ist so viel besser als eine Radtour. Man darf einfach den Kopf ausschalten und genießen, schließlich gibt es keinen, der auf die Karte gucken und die Strecke ausarbeiten muss. Immerhin sind die Schienen schon etwas länger da und führen zielsicher durch eine schöne Landschaft. Die gesamte Strecke zwischen Hultsfred und Målilla ist insgesamt 13 Kilometer lang und dauert bei sportlichem Tempo etwas mehr als eine Stunde. Das ganze Stück muss man danach auch wieder zurück. Man sollte also mindestens einen halben Tag einplanen, wenn man nicht gehetzt strampeln, sondern alles in aller Ruhe genießen möchte. Etwa auf halber Strecke gibt es in Ödhult einen hübschen Rastplatz. Die Draisine kann dann vom Gleis gehoben und geparkt werden. Dazu benötigt man möglichst zwei Erwachsene, denn leicht sind die Fahrräder mit ihren Beiwagen nicht. Für die Orientierung gibt es an jeder Draisine eine Karte, auf der die Strecke mit ihren Orten, Seen und Haltestellen eingezeichnet ist. Für ein leichteres Wenden gibt es an drei Stationen auch Wendehilfen.

TIPP

Unbedingt Getränke und ein Picknick einpacken!

● Draisinenstation Hultsfred, Parkleden 4, 577 30 Hultsfred
www.smalsparet.com

Stilvolle Wellness

68

Das Städtchen Varberg

Varberg hat Stil. Das liegt nicht nur an dem wie gemalt aussehenden Hafenpanorama mit hübschen Booten, kleinen Stränden, weitem Meerblick, mächtiger Festung und dem eleganten Kaltbadehaus. Varberg hat auch sonst den Charme einer Kurstadt: mit entspannten Menschen, blumenumrankten Häusern, luxuriösen Wellness-Hotels wie dem Varbergs Stadshotell & Asia Spa, hübschen Läden in der Fußgängerzone und kleinen Parks. Sogar eine eigene Heilquelle besitzt der schöne Ort an der Westküste, rund eine Autominute südlich von Göteborg: Svartekällan ist eine Quelle mit mineralhaltigem Wasser und wurde 1811 als Heilquelle in Betrieb genommen.

Richtig berühmt jedoch ist Varberg für sein im maurischen Stil erbautes Kaltbadehaus, in dem man entweder einfach sitzen und die Architektur bestaunen kann oder eben das macht, was man bereits seit dem 19. Jahrhundert darin macht: entspannt ins kalte Wasser tauchen. Der erste Vorgänger des heutigen Badehauses – übrigens eines der am meisten fotografierten Gebäude des Landes – war in den 1820er-Jahren ein einfaches Badefloß in Form eines schwimmenden Beckens, das dann aber in den 1850er-Jahren durch ein festes Becken mit in den Boden gerammten Pfählen ersetzt wurde. Danach folgten noch zwei weitere Varianten des Badehauses, da immer wieder Stürme an der Küste wüteten und die Bauwerke zerstörten. Die heutige Version, bereits 1903 eröffnet und in den 1990er-Jahren komplett renoviert, scheint da ein bisschen stabiler zu sein. Sie steckt mit Pfeilern im Boden und sieht aus wie ein riesiger Märchenpalast. Im Inneren ist das Haus in zwei Seiten unterteilt: die eine für Frauen, die andere für Männer – beide jeweils mit einer kleinen und einer großen Saune sowie Umkleidekabinen und Duschen. Nach dem Schwitzen in der Sauna kann man dann ins kalte Wasser abtauchen – und zwar rund ums Jahr, auch im tiefsten schwedischen Winter.

TIPP

Gleich vor dem Kaltbadehaus liegt ein gut für Kinder geeigneter Badestrand.

● Varbergs Kaltbadehaus, Otto Torells gata 7, 432 44 Varberg, www.kallbadhuset.se

Eine Treppe aus Wasser

69 Die Schleuse von Berg

Menschen scharen sich am Rand um die schmale Treppe aus Schleusen und wollen dem Schauspiel ganz nahe sein. Andere bleiben lieber auf den Terrassen der angrenzenden Restaurants und Cafés sitzen und schauen zu, während sie entspannt ihren Kaffee trinken. Und wieder andere springen mal eben von Bord und nutzen die Zeit, um sich ein Eis zu kaufen oder mit den Kindern eine Runde auf dem Spielplatz zu spielen. So oder so – eine Fahrt durch die steile Schleusentreppen von Berg (Bergs slussar) ist immer ein Abenteuer, sowohl für die Schiffsbesatzungen als auch für die vielen Zuschauer am Rand. Es ist nämlich ein beeindruckendes Bild, wenn sich da in Berg, diesem kleinen Ort rund 10 Kilometer nordwestlich von Linköping in der Provinz Östergötland, die riesigen Schleusentore öffnen, damit die Schiffe vom Göta-Kanal möglichst sanft in den dahinter liegenden See Roxen gleiten können. Oder eben in die andere Richtung zurück. Das geschieht mithilfe der Carl-Johans-Schleusen, einer über sieben Stufen gehenden Schleusentreppe. Dabei werden insgesamt 18,8 Meter Höhenunterschied überwunden, die man über Holzstege über die Schleuse und an der Schleuse entlang gut miterleben und erlaufen kann. Steht man dann unten am Roxen und schaut den Berg hinauf zurück, kommt es einem geradezu unvorstellbar vor, dass die riesigen Schiffe allein durch Technik diesen Höhenunterschied überwinden können. Kein Wunder also, dass das Manövrieren der zum Teil beeindruckenden Boote immer wieder spannend ist.

Bergs Schleusentreppe ist die längste des Göta-Kanals, der insgesamt 58 Schleusen hat. In Berg kommen zur Schleusentreppe noch die Doppelschleusen Oscars Schleuse und Bergs Schleuse dazu. Die maximale Größe für Boote, die geschleust werden können, darf übrigens 30 Meter Länge und 7 Meter Breite nicht überschreiten.

TIPP

Für Kinder gibt es neben der Schleuse einen Fahrparcours mit lustigen E-Autos.

● Bergs slussar, Knopvägen 4, 590 77 Vreta Kloster
www.gotakanal.se/sv/kanalorterna/bergs-slussar

BERG

Den Abreisetag versüßen

70 Im letzten ICA vor Urlaubsende

In Schweden gibt es eine Tradition, die heißt Lördagsgodis, was so viel wie Samstagssüßigkeiten bedeutet und aus den 1930er- und 1940er-Jahren stammt, als besonders viele Kinder im Land unter Karies litten. Die Zahnärzte rieten den Eltern dazu, ihren Kindern nur einmal in der Woche das Naschen von Süßigkeiten zu erlauben. Und so entstand der Brauch, den Samstag als Süßigkeitentag zu nutzen – als den Tag in der Woche, an dem die Kinder nach Herzenslust Süßes essen dürfen, also Lördagsgodis. Die Sache mit dem Karies ist inzwischen zwar längst im Griff und die Sitte wird nicht mehr ganz so streng gesehen. Was aber bleibt, sind die riesigen Regale mit Süßigkeiten, an denen man sich in Schweden zumeist im Bereich nahe der Kassen die Lördagsgodis in kleinen oder größeren Tüten selbst zusammenstellen kann. Warum also nicht zumindest den Abreisetag zum Samstag machen und nach Herzenslust Lördagsgodis shoppen?

Einer der besten Orte dafür ist der riesige Maxi ICA Stormarknad Burlöv in Arlöv, gleich an der Autobahn E6 gelegen und kaum 20 Minuten vor der Öresundbrücke – in dem Fall für viele ja das Ende des Urlaubs. Neben einer riesigen Auswahl an Karamellbonbons, Schokoladen, Lakritzen, sauren Drops, Gummibärchen und Nussvariationen gibt es dort alles, was man im Schweden-Urlaub nach und nach lieb gewonnen hat und noch für ein paar Tage genießen möchte. Schön fluffiges Polarbrot zum Beispiel, Joghurt in Tüten, Kalles-Cremes in zahlreichen Variationen, Salami-Snacks, gesalzene Butter, Fischsalate mit so urlaubssehnsüchtigen Namen wie Gubbröra (Heringssalat), Skagenröra (Krabbensalat) oder Skaldjurssallad (Meeresfrüchtesalat) oder Apfel-Cider. Letzterer ist die sommerliche Variante zu einem kühlen Weißwein, den man in Schweden wie alle anderen alkoholischen Getränke nicht im Supermarkt, sondern ausschließlich im Systembolaget bekommt. Das staatliche Unternehmen hat ein Monopol auf den Einzelhandel von Getränken mit einem Alkoholgehalt von mehr als 3,5 Volumenprozent.

TIPP

Im Non-Food-Bereich gibt es alles für die schwedische Gartenparty.

● Maxi ICA Stormarknad Burlöv, Kronetorpsvägen 2, 232 37 Arlöv, www.ica.se

SÖTT
SALT
SURT
SYRLIGT

Die Bjäre-Halbinsel

71 Kletterwandern durch Hovs Hallar

Die Bjäre-Halbinsel erstreckt sich zwischen Halmstad und Helsingborg ins Meer und ist eine grüne Oase mit kleinen Orten, die gerne erbummelt werden möchten. Wer allerdings richtig klettern und kraxeln und dabei Flora und Fauna beobachten will, sollte hinaus an die Küste nach Hovs Hallar. Dies ist der steilste Küstenabschnitt der Bjäre-Halbinsel und auf den ersten Blick gar nicht so spektakulär. Jedenfalls dann nicht, wenn man oberhalb auf dem Parkplatz steht. Dann allerdings, schon nach wenigen Metern, geht es steil bergab und eine weite, spektakuläre Felsenlandschaft tut sich auf. Es gibt kleine Höhlen und schmale Kletterpfade, Felsbecken, Steinstrände und zwischen den einzelnen Felsen immer wieder kleine Flächen, wo man sich hinsetzen und die Aussicht aufs Meer genießen kann. Aus dem Wasser ragen aber auch dann wieder: Steine, Felsen.

TIPP
Festes Schuhwerk anziehen.

An der Küste leben Meeresvögel wie Sturmtaucher und Sturmschwalben, Raubmöwen, Klippen- und Dreizehenmöwen, Eissturmvögel und Basstölpel. Ganz unten haben die zahlreichen Besucherinnen und Besucher aus Steinen kleine Türme gebaut, die inzwischen aussehen wie ein steinerner Garten direkt am Meer. Und immer wieder neue Türme entstehen, denn fast jeder möchte ausprobieren, wie das ist, einen Stein auf den anderen zu setzen, die Landschaft damit ein bisschen zu verändern und etwas von sich dort zu lassen, an diesem wunderbaren Ort.

In früheren Zeiten allerdings war die Küste vor Hovs Hallar gefürchtet, da immer wieder Schiffe auf Grund liefen. Die Bewohner der Dörfer entfernten dann die Bolzen der Wracks, warteten auf Treibgut und versteigerten es am Strand. Als der schwedische Drehbuchautor und Regisseur Ingmar Bergman in den 1950er-Jahren den Film „Das siebente Siegel" drehte, wählte er die schroffen Klippen von Hovs Hallar für die Eröffnungsszene.

● Hovs Hallar Nature Reserve, Hovshallavägen 160, 269 91 Båstad
www.hovshallar.com

Abends im Hafenstädtchen

72 Karlskrona und die Weinstube Vin & Vänner

Das kleine Bistro Vin & Vänner liegt versteckt und etwas abseits in der Borgmästaregatan in Karlskrona, einer Einkaufsstraße, die wie viele Einkaufsstraßen in Schweden mit bunten Fähnchen geschmückt ist und gleich vom Hafen aus den Berg hochführt. Eben eine gute Mischung aus zentral und dennoch ruhig. Und eine gute Kombination aus wirklich gutem Wein und abwechslungsreicher Bistro-Küche in äußerst freundlicher Atmosphäre. Ein schöner Ort also, um sich noch etwas zu stärken, um dann gleich von dort aus auf Entdeckungsreise zu gehen: durch Karlskrona, Blekinges Residenzstadt, deren Marinehafen seit 1998 zum Weltkulturerbe der UNESCO gehört und die bereits 1680 unter König Karl XI. als Marinestützpunkt angelegt wurde. Damit war Karlskrona über Jahrhunderte ein wichtiger Ort und für ganz Schweden von großer Bedeutung. Ein bisschen spürt man das bis heute. Gleich um die Ecke beim Vin & Vänner liegen am riesigen Hauptplatz (Stortorget) die um 1700 errichtete Dreifaltigkeitskirche (Trefaldighetskyrkan) und die ab 1720 erbaute Friedrichskirche (Fredrikskyrkan), außerdem das 1790 entstandene Rathaus (Rådhus). Geht man zurück in Richtung Hafen, wird es etwas trubeliger und die Lokale sind voller und touristischer. Allerdings sollte man sich dennoch aufmachen, denn die Kulisse ist wunderschön.

TIPP
Ein Ausflug nach Karlshamn mit Festung und Fachwerk lohnt sich ebenfalls.

Sehenswert sind außerdem die Zitadelle von Drottningskär auf der Insel Aspö, ein historisches Militärgebäude, das man von Karlskrona aus mit der Fähre erreichen kann, und die Festung Kungsholmen, die allerdings militärisches Gebiet ist und nur bei zuvor gebuchten Führungen besichtigt werden kann. Wem das zu aufwändig ist und wer nur einen Tagesausflug nach Karlskrona plant, kann sich gut in den beiden zentralen Museen über die Geschichte der Stadt und die ihrer militärischen Bedeutung informieren: im sehr kinderfreundlichen Regionalmuseum in der Borgmästaregatan 21 und im Marinemuseum auf der Insel Stumholmen.

● Vin & Vänner, Borgmästaregatan 11, 371 34 Karlskrona
www.visitkarlskrona.se/en

Das weiße Haus am Meer

73 Schloss Läckö am Vänern

Nein, ein Meer ist es nicht, an dem Schloss Läckö liegt. Aber immerhin wird der riesige Vänernsee gerne auch mal als Meer innerhalb des Landes bezeichnet. Zehnmal so groß wie der Bodensee ist er, man kann das gegenüberliegende Ufer an vielen Stellen gar nicht erst sehen und einen hohen Wellengang und einen eigenen kleinen Schärengarten mit insgesamt 22.000 Inseln hat der Vänern auch. Und: Er hat ein Schloss, das schneeweiß und mit hübschen roten Türmen nicht weit von Lidköping auf der Insel Kållandsö an seinem Südufer liegt. Schloss Läckö ist ein Barockschloss, dessen Vorgängerbau eine Burg war, die bereits im 13. Jahrhundert errichtet wurde. Dann allerdings brannte der Großteil der einstigen Anlage ab und wurde nach und nach wieder aufgebaut. Sein heutiges Aussehen bekam das Schloss allerdings erst im 17. Jahrhundert. Damals baute Magnus Gabriel De la Gardie (1622–1686) Schloss Läckö nach dem Geschmack der damaligen Zeit um. Der weit gereiste und kunstliebende spätere Reichskanzler soll angeblich der Geliebte der schwedischen Königin Christina (1626–1689) gewesen sein. Wie auch immer – ihm ist es zu verdanken, dass das prächtige Anwesen heute zu den beliebtesten Ausflugszielen Westschwedens gehört und zum schönsten Schloss des Landes ernannt wurde.

TIPP

Beim Schloss gibt es auch einen kleinen Campingplatz (www.lackoslott.se/camping-gasthamn).

Neben den gut erhaltenen Barocksälen und regelmäßig stattfindenden Konzerten und Opern ist vor allem der Schlossgarten ein außergewöhnlicher Ort: Der Gärtnermeister und Landschaftsarchitekt Simon Irvine hat den kleinen Garten in den vergangenen 30 Jahren zu einem schönen und zugleich nachhaltigen Ort gemacht, dessen Ernte direkt zum Restaurant Hvita Hjorten geliefert wird, das im nur 300 Meter vom Schloss entfernten Naturum liegt. Dort kann man vom Restaurant aus nicht nur weit über den Vänern blicken, sondern sich auch über die Tier- und Pflanzenwelt informieren und entspannt übernachten.

● Läckö Slott, Kållandsö, 531 90 Lidköping, www.lackoslott.se/de

Alles auf einem Weg

74 Prins Bertils Stig ab Halmstad

Autorennen, Golf … Bertil Oskar Carl Gustaf Eugén, Prinz von Schweden und Herzog von Halland (1912–1997) war ein begeisterter Sportler und beim Volk sehr beliebter Adeliger, der jedes Jahr viel Zeit in seinem Sommerhaus in Tylösand verbrachte. Ihm zum Gedenken wurde im Frühsommer 1998 ein insgesamt 18 Kilometer langer und nach ihm benannter Pfad eingeweiht, der auf dem kurzen Stück zwischen Halmstad und Möllegård alles in sich vereint: Stadt und Kultur, trubelige Strände, schroffe Küstenpfade, eine Kornbrennerei, Kunstobjekte, Kirchen, kleine Häfen, Seebrücken, Kletterfelsen, romantische Buchten und ein waldig-grünes Naturschutzgebiet.

Der Prins Bertils Stig startet am Schloss Halmstad, also mitten in der Stadt. Der Weg in Richtung der Bucht von Tylösand führt entlang einer beeindruckenden Küstenlandschaft, an der immer wieder neue Ausblicke begeistern. Schmale Pfade entlang winziger roter Holzhäuschen, die wie aus dem Nichts zwischen einsamen Buchten auftauchen. Es gibt Schutzhäuschen und Picknickplätze, Badestege, stille und lautere Strände und sogar Holzbänke mit Tischen, an denen man Platz nehmen und wie auf einem Hochstand die Natur beobachten kann. An mehreren Stationen werden die einzelnen Orte des Prins Bertils Stig erklärt. An allen anderen Stellen ist er exzellent mit kleinen Wegweisern ausgeschildert. Hinter der Bucht von Tylösand wird aus dem eher steilen Wanderweg ein ruhigerer Weg durch die Dünen, bevor er dann den Küstenweg verlässt und weiter ins Hinterland führt, um im 45 Hektar großen Naturreservat von Möllegård zu enden. In Möllegård wiederum kann man weiterwandern und die seltene Natur genießen, entweder auf dem grün markierten, rund 2,5 Kilometer langen Möllegårdsslingan oder auf dem mit 1,7 Kilometern etwas kürzeren gelb markierten Gul Slingan. Der Prins Bertils Stig lässt sich am besten zu Fuß erlaufen, allerdings begegnen einem auch viele Menschen auf Mountainbikes, die aber an einigen steilen Stellen lieber absteigen.

TIPP

Wer nicht das ganze Stück laufen möchte, kann auch den Bus über den Nya Tylösandsvägen nehmen.

● Prins Bertils Stig, Start am Schloss Halmstad, Dragvägen, 302 38 Halmstad
www.prinsbertilsstig.se

Prins Bertils stig
24. Tylön
Tylön har fått sitt namn från "tyle" som betyder utskjutande, bergig udde. Gravrösen visar att människor verkat på Tylön i flera tusen år.
Här finns också det egendomliga forminnet Tylajungfrun som är en rest sten med en klumpsten ovanpå.
År 1870 byggdes fyren, ritad av Gustav von Heidenstam, tillsammans med bostäder för fyrpersonalen och deras familjer. Fyren släcktes 1968 och ersattes av kassunfyren Tylögrund ute i havet.
Halmstad

Softeis überall

75 Sonnenuntergang im Hafen von Askersund

Für Menschen, die nicht ganz so entscheidungsfreudig sind, kann ein Besuch im Hafen von Askersund ganz schön schwer werden: Da hat man nämlich gleich die Wahl zwischen drei Eisständen: zwei auf der einen und einen auf der anderen Seite des Wassers. Sie alle haben dieses herrlich fluffige Softeis mit einer krossen, kühlen Schokokruste. Wahlweise auch mit bunten Streuseln oder auch ganz normales Eis. Dann sitzt man auf einer der zahlreichen Bänke an kleinen Holztischen, schaut auf schaukelnde Boote und Töpfe mit blühenden Blumen, passt auf, dass man mit dem Eis nicht allzu sehr tropft und findet sich in einem richtig hübschen Hafenstädtchen wieder. Das liegt am Alsensee, einem der allerletzten Ausläufer des Vätternsees, und hat nicht nur wunderbares Eis, sondern viele Restaurants und hübsche Läden zu bieten.

Die Stadt Askersund ist zu großen Teilen aus Holz gebaut, die Häuser sind bunt und die Straßen laden zum Bummeln ein. Außerdem gibt es eine Strandpromenade, eine mächtige Kirche, ein quirliges Kulturleben, gleich zwei Nationalparks, 30 Naturschutzgebiete und einen Schärengarten mit zahlreichen weiteren kleinen Seen. Letztere kann man nicht nur mit dem Boot erkunden, auch gut beschilderte Wander- und Fahrradwege führen durch das Gebiet mit den vielen kleinen Seen. Auf einer Landzunge im Alsensee liegt außerdem das neoklassizistische Schloss Stjernsund, das als eines der am besten erhaltenen Schlösser Schwedens gilt. Neben dem prachtvollen, vom Wasser umgebenen Park gibt es dort unter anderem ein Wagenmuseum, ein Molkereimuseum sowie ein Restaurant und Café und viele Räume voller bestens erhaltener Möbel aus den 1850er-Jahren, die man ab Mitte Mai und den ganzen Sommer über besichtigen kann. Und wenn man dann so richtig schön vollgesogen ist von Natur und Kultur und Ausblicken aufs Wasser, dann trifft man sich abends mit anderen Entscheidungsfreudigen und bestellt sich eine der vielen Softeis-Varianten und genießt den Sonnenuntergang.

TIPP

Im nahen Tiveden-Nationalpark zwischen Felsblöcken wandern.

● 696 31 Askersund, Tourist-Information Hamngatan 4 b, www.visitaskersund.se

Eine Stadt voller Kunst

76

Borås in Westschweden

Eigentlich ist Borås nur eine kleine Stadt, die genau auf der Mitte zwischen Göteborg und Jönköping liegt. Eigentlich … Aber bereits seit dem 16. Jahrhundert verkauften Händler in der Region Stoffe. Und auch Schwedens älteste Leinenweberei Ekelund liegt in der Region und stellt dort seit Ende des 17. Jahrhunderts Teppiche, Handtücher und Tischdecken her. Weitere Textil-Unternehmen kamen hinzu und wurden immer kreativer und innovativer. Das und eine große Portion Kreativität und Kunstverstand zeichneten die Stadt aus. Als dann dort auch noch eine Textilhochschule gegründet wurde, die die Innovativen und Kreativen von morgen ausbildet, hatte Borås schon bald völlig zu Recht den Ruf, für besonderes Design und neue Ideen zu stehen. Und das betraf bald nicht nur das Thema Textilien: Inzwischen nämlich gibt es in Borås auch ein Festival für Street Art und eines für Skulpturen. Beide Festivals wechseln sich inzwischen seit mehr als 10 Jahren ab, was die gesamte Stadt mit der Zeit zu einem Gesamtkunstwerk gemacht hat.

Wie in einer riesigen Outdoor-Galerie kann man Wandmalereien und Skulpturen bewundern, darunter solche von prominenten Künstlerinnen und Künstlern wie Fredrik Wretman oder Jaume Plensa. Außerdem gibt es in Borås ein Textilmuseum im Skaraborgsvägen 3 a und in der Herrljungagatan 15 das Abetica Kunstmuseum, in dem es neben Textilkunst vor allem internationale Fotografie und Kunstgrafik aus Europa und den USA zu sehen gibt, darunter rund 500 Kunstwerke von 30 Künstlern wie Andy Warhol, Robert Rauschenberg, David Hockney, Roy Lichtenstein, Kiki Smith, Louise Bourgeios und Jim Dine. Das Museum ist aus der privaten Sammelleidenschaft des Textilunternehmer-Ehepaares Bengt und Berit Swegmark entstanden, die so leidenschaftlich gesammelt haben, dass ihnen irgendwann der Platz fehlte und sie die private Sammlung zum Museum machten – übrigens in einer Korsettfabrik.

TIPP

Borås hat auch einen beliebten Zoo (www.borasdjurpark.se).

● 506 30 Borås, Tourist-Information im Textile Fashion Center, Skaraborgsvägen 3 a
www.boras.com/en

Inga Lindströms Kulissen

77 Zwischen Roxen und Ostküste

Am Samstagabend die Inga-Lindström-Filme im ZDF gucken? Klar … und natürlich nur wegen der Landschaft! Oder vielleicht auch ein bisschen wegen der romantischen Geschichten, der schönen Menschen, der Happy Ends in Endlosschleife? Warum man auch immer die Filme schaut – ihre Drehorte gibt es in echt und damit ist man, zumindest was das betrifft, der Realität schon sehr nahe. Die Orte liegen zwischen Linköping nahe des Sees Roxen, Vadstena am Vänernsee oder Städten wie Trosa oder Nyköping nahe der Ostküste und heißen unter anderem Norrköping, Oxelösund, Söderköping und Finspång. Wenn dann jemand behauptet, die Filme wirklich nur wegen der Landschaft zu schauen, darf man das getrost glauben, denn die ist wunderschön und abwechslungsreich: die weite Ebene rund um den Roxen, die Schäreninselchen bei Oxelösund oder historische Altstädte wie das Freilichtmuseum Gamla Linköping. Letzteres entstand in den 1950er-Jahren, als viel neu gebaut wurde und die Stadt kurzerhand beschloss, die alten Viertel zu bewahren, indem die hübschen alten Holzgebäude an einen zentralen Ort umziehen. Dafür wurde die Gamla Linköping gegründet, ein Freilichtmuseum, das heute alle Gebäude in sich vereint und zugleich voller Leben ist, denn entweder sind in den alten Häusern Museen oder Handwerksbetriebe, Cafés, Restaurants oder auch einfach nur normale Wohnungen untergebracht.

TIPP

Vor der Reise noch einen Inga-Lindström-Filmabend machen.

Insgesamt sind es 62 unterschiedliche Orte, an denen die Szenen gedreht wurden. Welcher Film wo spielt? Gleich am Roxen wurde „Vickerby für immer" (2007) verfilmt, im Freilichtmuseum Gamla Linköping sowohl „Sommertage am Lilja-See" (2007) als auch „Vickerby für immer" (2007) oder in Trosa gleich noch mehr: „Der Tag am See" (2012), „Die Frau am Leuchtturm" (2006), „Der Weg zu dir" (2005), „Inselsommer" (2004), „Die Farm am Mälarsee" (2004) und „Wind über den Schären" (2004).

● Freilichtmuseum Gamla Linköping, Tunnbindaregatan 8, 582 46 Linköping
www.ingalindstrom.com

Tausend Jahre Geschichte

78 Schloss Kalmar vor Öland

Wer einen Urlaub auf Öland plant, sollte nicht einfach durchfahren, wenn es in Kalmar auf die Brücke hinüber zur Insel geht. Die Stadt Kalmar nämlich lohnt sich wie vermutlich kaum eine andere für einen Stadtspaziergang. Also: parken, loslaufen und in die Geschichte des Mittelalters eintauchen! Zum ersten Mal erwähnt wurde die Stadt im 11. Jahrhundert. Im 13. Jahrhundert dann galt sie bereits als blühende Handelsstadt und als eines der Machtzentren des Nordens, in dem auch viele deutschstämmige Kaufleute lebten, die mit Butter, Eisen, öländischem Kalkstein und Holz aus den småländischen Wäldern handelten. Damals war Kalmar noch ein wichtiger Ort an der Südgrenze Schwedens, denn die Regionen Schonen, Blekinge und Halland waren bis 1658 in dänischer Hand. Und was ein strategischer Ort ist, braucht eine Festung, die hält. In dem Fall war es das Schloss Kalmar, das 1180 als einfacher Wehrturm seinen Anfang nahm und unter der Regentschaft der Wasa-Könige Gustav I., Erik XIV. und Johann III. im 16. Jahrhundert von einer mittelalterlichen Burg in einen Renaissancepalast nach kontinentalem Vorbild umgebaut wurde. Es galt über Jahrhunderte als eine der wichtigsten Verteidigungsanlagen Schwedens.

TIPP
Unbedingt im Schlossrestaurant standesgemäß speisen.

Heute wird im Schloss die Dauerausstellung zu seiner Geschichte gezeigt, die in verschiedenen Räumen thematisch und nach Epochen geordnet präsentiert wird – von der Architektur über Kalmarer Union und Kalmarkrieg bis hin zur Rekonstruktion von damaligen Mahlzeiten und dem Gemach einer königlichen Geliebten. Sogar ein Frauengefängnis aus dem 19. Jahrhundert kann man besichtigen – inklusive einem Blick auf die Qualen und Ungerechtigkeiten, mit denen inhaftierte Frauen vom 15. bis 19. Jahrhundert konfrontiert waren. Nach der Schlossbesichtigung lockt dann die Altstadt mit ihren gepflasterten Gassen und hübschen Gebäuden aus dem 18. und 19. Jahrhundert und dem Viertel Gamla Stan im einstigen Zentrum von Kalmar mit uralten Holzhäusern.

● Schloss Kalmar, Kungsgatan 1, 392 33 Kalmar, www.kalmarslott.se/de

Puppenstädtchen mit Charme

79

Mariestad am Vänern

Überall blühen Blumen. Kaum ein Foto, auf dem sie sich nicht irgendwie ins Bild rücken lassen. Bauernmärkte, berankte Hauswände, Blumenkästen auf den Brücken am Hafen. Dabei ist Mariestad auch so schon schön. Die kleine Stadt am Ostufer des Vänern, dem mit rund 5519 Quadratkilometer Fläche größten See Schwedens und nach den in Russland liegenden Seen Ladogasee und Onegasee drittgrößten See Europas, entdeckt man am besten vom Hafen aus. Dort kann man noch kostenlos für ein paar Stunden parken und dann einfach losziehen. An schaukelnden Booten entlang bis hinüber zur Innenstadt. Da der Fluss Tidan bei Marieholm in den Vänernsee mündet, galt die Stadt schon früh als strategisch interessanter und verkehrsgünstiger Ort, an dem Gustav Vasa einen königlichen Hof errichten wollte. So entstand Tunaholm, das dann aber später unter Herzog Karl, dem Sohn von Gustav Vasa, der das Schloss 1571 übernahm, in Marieholm nach dessen Ehefrau umbenannt wurde. Die war nämlich die Deutsche Anna Marie von der Pfalz. Karl war es auch, der 1583 am Tidan dann auch Mariestad gründete. Aus dem winzigen Marktflecken wurde bald eine richtige Stadt, die 1660 sogar Residenzstadt wurde.

TIPP

Im Restaurant das Mariestads probieren, das früher in der Stadt gebraut wurde.

Vom Hafen aus geht es hoch in die Stadt. Da ist zuerst der riesige Dom in der Nygatan, außerdem zahlreiche kleine Läden und natürlich die Altstadt mit ihren vielen gepflasterten Straßen und äußerst gut erhaltenen Holzhäusern aus dem 18. und 19. Jahrhundert. Sie gilt als eine der am besten erhaltenen Stadtkerne Schwedens. Zurück im Hafen kann man wunderbar im blühenden Innenhof des Hostels in der Hamngatan 20 Kaffee trinken und dann am Ufer des wenige Meter später in den Vänern fließenden Tidan entlang zur Residenz gehen: ein Schloss in strahlendem Gelb, das auf einer Insel im Fluss liegt und über eine Brücke zu erreichen ist. Von der Brücke aus hat man einen wunderschönen Blick auf Innenstadt und Hafen. Und immer auch auf Kästen voller blühender Blumen.

- Residenset Mariestad, Magasinsgatan, 542 30 Mariestad, www.mariestad.se

Kind sein auf Djurgården

80 Das Junibacken in Stockholm

Stockholms Insel Djurgården ist voller Museen und Attraktionen: Es gibt das berühmte Vasa-Museum, ein recht neues Wikinger-Museum, das ABBA-Museum, den Freizeitpark Gröna Lund, das Freilichtmuseum Skansen, ein witziges Spirituosenmuseum, ein Museum zur schwedischen Kulturgeschichte und: das Junibacken. Dieses kunterbunte Museum für große und kleine Leseratten und Buch-Entdecker ist mehr als eine Hommage an Astrid Lindgren, in deren Geschichten man unter anderem bei einer stimmungsvollen Fahrt mit einer sehr beweglichen Gondel, dem sogenannten Geschichten-Zug, einschweben und eintauchen kann. Das Museum hat noch viele weitere berühmte schwedische Kinderbuchautorinnen und -autoren und ihre Figuren im Blick, darunter den pfiffigen Willi Wiberg mit seinem alleinerziehenden Papa, den sich die Autorin und Illustratorin Gunilla Bergström ausgedacht hat und der im schwedischen Original eigentlich Alfons Åberg heißt. Außerdem trifft man den etwas trotteligen Pettersson mit seinem frechen Kater Findus und die treuherzige Mama Muh, beides von Sven Nordqvist. Und es gibt natürlich die geheimnisvollen Mumins von Tove Jansson. In einer Art riesigem Spielzimmer kann man sie und viele andere Figuren entdecken. Man kann klettern, rutschen, spielen … Außerdem gibt es das Tal der Mumins, witzige Experimente und zahlreiche Theaterstücke, die regelmäßig wechseln. Überall finden sich Orte zum Staunen, Kinderbuchkultur und spannende Geschichten. Ziel des Museums ist es, die Lust am Lesen zu wecken und das Thema Kinderbuch dabei in den Mittelpunkt zu stellen. Zuletzt führt der Weg deshalb auch durch eine außergewöhnlich gut sortierte mehrsprachige Kinderbuchhandlung, in der man sich mit Lesestoff für den gesamten Urlaub eindecken kann. Im Restaurant des Junibacken bitte unbedingt eine große Portion Köttbullar essen, denn die sind so wunderbar cremig und gut, dass man mit dem Essen gar nicht mehr aufhören mag.

TIPP

Im Hafen von Stockholm den „Go City Stockholm Pass“ kaufen.

- Junibacken, Galärvarvsvägen 8, 115 21 Stockholm, www.junibacken.se/de
- ÖPNV: Ab Stockholm Hbf. Bus 69, Haltestelle Djurgårdsbrunn (9 Minuten Fußweg)

Bibliografische Informationen der Deutschen Nationalbibliothek
Die Deutsche Nationalbibliothek verzeichnet diese Publikation in der Deutschen Nationalbibliografie; detaillierte bibliografische Daten sind im Internet über http://dnb.d-nb.de abrufbar.

Konzeption/Satz: Droste Verlag, Düsseldorf
Einbandgestaltung und Illustrationen: Britta Rungwerth, Düsseldorf, unter Verwendung von Bildern von © Fotolia.com: jd – photodesign.de; © iStock: Plociennik Robert
Fotos: Tanja Breukelchen, außer:
Jessica Haak: S. 39, S. 109; imagebank.sweden.se: S. 19, S. 63 (Göran Assner), S. 75 (Miriam Preis), S. 81, S. 159 (Tina Stafrén), S. 83 (Conny Fridh), S. 85 (Karolina Friberg), S. 121 (Apelöga), S. 123 (Alexander Hall), S. 125 (Silvia Man); Inforest_Ebbe15©INFOREST: S. 103; Ohboy Hotell: S. 17; www.adobe.stock.com: S. 9 (Migge), S. 29 (Rien), S. 33 (StellaSalander), S. 41 (dudlajzov), S. 59 (Carola Stober), S. 69, S. 77 (tinadefortunata), S. 71 (visualpower), S. 73 (tronixAS), S. 79 (aro49), S. 97 (Roland), S. 137 (Irina Burakova), S. 153 (U. Gernhoefer), S. 163 (travelguide); www.bittelaechelnuschi.de/Ödevata Gårdhotell: S. 47; www.common.wikimedia.org: S. 55 (Bilsenbatten); www.westsweden.com: S. 99 (Jonas Ingman)
Textlektorat: Brigitte Lotz, Essen

MIX
Papier | Fördert gute Waldnutzung
FSC® C011279
FSC www.fsc.org

Druck und Bindung: LUC GmbH, Greven
ISBN 978-3-7700-2399-8

www.droste-verlag.de